Jobsuche in München

An A2 reader for beginner students of German

written by Daniela Fries

Copyright © 2021 by Jadati S.A.C.
Av. San Martin 625, Dpto 710, Barranco, Lima 04, Peru

All rights reserved.
ISBN: 9798505199565

No part of this publication may be reproduced, distributed or transmitted in any form or by any means, including photocopying, recording or other electronic or mechanical methods, without the prior written permission of the publisher, except in the case of brief quotations embodied in critical reviews and certain other noncommercial uses permitted by copyright law. For permission requests, write to the publisher: Jadati S.A.C.
mail@jadatidigital.com

This is a work of fiction. Names, characters, places and incidents are either products of the author's imagination or are used fictitiously. Any resemblance to actual persons, living or dead, is purely coincidental.

Inhalt

About this book	1
Past Tense & Present Perfect	5
Hauptpersonen	8
Prolog	9
1. WG-Zimmer gesucht	11
2. WG-Castings	21
3. Frauenabend	37
4. Eine WG für Carla	51
5. Ausflug nach Neuschwanstein	63
6. Umzug in die WG	74
7. Jobsuche	87
8. Besuch aus Norwegen	103
9. Ein chaotischer Samstag	110
10. Münchner Routine	129
11. Probleme bei der Arbeit	135
12. Urlaubspläne	148
Lösungen	156
Thank you for reading	168
More books by the author	170

About this book

Thank you for purchasing "Jobsuche in München". I really hope that you will enjoy reading it and am confident that it will help you boost your German skills. Please help others find this book by leaving an honest review on Amazon. It'll be greatly appreciated.

"Jobsuche in München" is a graded reader for advanced beginners (A2 according to the European Framework of Reference for Languages) and was written for people who already have a basic knowledge of German but still have limited vocabulary and cannot yet understand complex sentence structures.

Each chapter is accompanied by vocabulary lists German–English and followed by comprehension questions and exercises which will help you to memorize and practice the newly acquired vocabulary. Some grammar notes are added when appropriate. However, the focus of this book doesn't lie on grammar rules and exercises but on developing your skills to understand grammar in context and get used to it in a natural way.

The narrative of German novels needs to be written in the past tense. As an A2 student, you should be familiar with the regular past tense (ich wohnte, ich kaufte etc) but not yet with the irregular past tense verbs as the irregular past tense is normally introduced only at the B1 level. Therefore, all irregular past tense verbs can be found in the vocabulary lists even if it's likely that you are familiar with the infinitive of the verb. Don't try to memorize all the past tense forms. If you read a lot in German, you will acquire them naturally. Unless you intend to write a lot yourself, it's totally sufficient to have a good passive knowledge of the past tense, especially at this point of your language learning journey. However, you'll get the chance to practice the past tense (and also the present perfect) in the exercises.

You will find quite a few verbs and other words and expressions listed more than once in the vocabulary sections. That's not a mistake but intention as it's unlikely that you will remember a new word after seeing it just once. While the exercises will encourage you to practice and broaden your vocabulary actively, you should just enjoy the story while reading the text. The extensive vocabulary lists will help you to grasp the content quickly without wasting time with looking up words.

Throughout the book, you'll find cultural hints and insights which will help you to understand Germany and the Germans better. Just a short disclaimer here: I simplified the process of finding a room and a job and didn't even mention that a formal registration (called "Anmeldung") is needed when you want to live in Germany. It's a work of fiction, after all and as we all know, the heroes of our stories normally don't have to deal with bureaucratic stuff.

Reading is great but you also need to speak the language. You can either follow Carla's example and find yourself a language exchange partner or you can work with a tutor or teacher. I recommend using italki (https://www.italki.com/i/f0d66?hl=en-us)

both for practicing speaking and writing German. If you sign up with the link in brackets, you'll be given a small gift of US$ 10 in italki credits which you can use for your German lessons. However, you can also find language exchange partners on italki.

"Jobsuche in München" is the second volume of a series about Carla, a young woman from Portugal, who decides to take advantages of the freedom of movement in the European Union and travels to Germany to improve her language skills, earn some money by finding a summer job, explore the country and make new friends. The level of difficulty increases with each volume.

Graded Readers for German learners: "Carla - Eine Portugiesin in Deutschland"

A1: Carla will nach Deutschland (published in March 2021)
A2: Jobsuche in München (published in May 2021)
B1: Ein unvergesslicher Urlaub (to be published in July 2021)
B2: Pannen und Missgeschicke (to be published in September 2021)

The four books of the series build a coherent story but can be read independently from each other. Starting with A2, each book begins with a summary of what has happend before and introduces the main characters.

Newsletter

Would you like to be notified as soon as the new books are available and benefit from low introductory prices? Sign up for our newsletter and you'll even receive a free short story at the beginning of each month:

https://learngermanwithstories.com/newsletter

Audio Recordings

Audio recordings of the texts are available for free on our website https://learngermanwithstories.com/jobsuche-in-munchen-audios
Passwort: Carla_Jobsuche

Past Tense

The narrative of this novel is written in the past perfect. In the dialogues, you'll find a mixture of present tense and present perfect. For A2 level students, the past tense is still difficult. You may have learned the regular past tense but are not yet familiar with irregular verbs. With the exception of "sein", "haben", the modal and some other verbs, the past tense is not used in the spoken language. As a result, students who don't read a lot or who only read dialogues often struggle with the past tense.

Throughout this book, you'll find recurring irregular verbs in the past tense that are frequently used, for example: gehen–er ging, verlassen–sie verließ, anrufen–er rief an. In the vocabulary list, you'll always find the irregular past tense in the 3rd person singular.

Let's conjugate two irregular verbs for all persons. The endings are always the same but if the verb stem ends with t, d or s/ß, an additional "e" is added between stem and conjugation ending.

gehen– to go

ich ging	wir gingen
du gingst	ihr gingt
er,sie,es ging	sie,Sie gingen

verlassen–to leave

ich verließ	wir verließen
du verließest	ihr verließt
er,sie,es verließ	sie,Sie verließen

You can ignore the conjugation for "du" and "ihr" because nobody would address someone in a conversation using the past tense. I've got to admit that I double-checked these forms because they sound weird to me. Once you know the correct past tense form of "ich/er,sie,es", you just have to add "en" for "wir" and "sie/Sie".

Each chapter includes an exercise for irregular past tense forms using the verbs from the text you've just read. So once you've completed this book, you should be familiar with the most frequently used irregular past tense verbs.

Even if you decide not to do the exercise (which is totally okay because reading and enjoying the story is more important than agonizing about grammar), your brain will automatically pick up the most important verbs because they appear again and again in the story and in the vocabulary list.

As an A2 student, you should have learned how to form the regular past tense but let's do a quick review.

The regular past tense indicator is a "t" which is placed after the word stem. When the word stem ends with a "t", an additional "e" is added. The endings are always the same. Here are two examples, once again taking into account that an additional "e" needs to be added when the word stem ends with t, d or s/ß.

kaufen-to buy
    ich kaufte   wir kauften
    du kauftest   ihr kauftet
    er,sie,es kaufte   Sie, sie kauften

arbeiten-to work

    ich arbeitete   wir arbeiteten

    du arbeitetest   ihr arbeitetet

    er,sie,es arbeitete   sie,Sie arbeiteten

If you read regularly, you'll master the German Past Tense in no time and almost effortlessly. Enjoy and happy reading.

Hauptpersonen (Leading characters)

Carla

Carla is a young woman from Portugal who moved to Munich for the summer to improve her German and find a job. She's a positive and cheerful person who is not yet quite sure what to do with her life but is convinced that the future looks bright and is full of opportunities.

Susanne

Susanne is a German medical student and Carla's language exchange partner. She can often be found at university and in the library studying but also enjoys good food and meeting friends. She has a more serious approach to life but is a very loyal friend.

Henrik

Henrik is a young man from the north of Norway and studies a bachelor Environmental Sciences in Munich. He's a positive-thinking extrovert who loves to drink beer and always finds a quick solution when a problem occurs.

Prolog

Carla Santos kommt aus Porto. Das ist eine Stadt im Norden Portugals. Dort lebt sie **zusammen** mit ihren Eltern Monica und Marcelo und ihrem 16jährigen Bruder Thiago. Carla ist 20 Jahre alt und hat vor einem Jahr die Schule beendet. Sie arbeitet **einige Stunden** pro Woche als Online-Tutorin für Portugiesisch. Ihre Mutter Monica arbeitet **halbtags** in einem Supermarkt und ihr Vater Marcelo ist Ingenieur.

Seit zwei Jahren lernt Carla Deutsch. Sie spricht schon ganz gut. Ihr Niveau ist B1. Carla hat eine **Sprachpartnerin**. Sie heißt Susanne und lernt Portugiesisch. Susanne kommt aus Augsburg und studiert in München Medizin. Sie ist 23 Jahre alt.

Vor zwei Tagen ist Carla von Lissabon nach München geflogen. Susanne hat sie vom **Flughafen** abgeholt und sie sind **gemeinsam** in ihre Wohnung in einem **Vorort** von München gefahren. Carla kann für zwei bis drei Wochen bei Susanne auf dem Schlafsofa schlafen.

---

zusammen	together
einige Stunden	some hours
halbtags	part-time (half of the day)
die Sprachpartnerin	language exchange partner
vor zwei Tagen	two days ago
der Flughafen	airport
gemeinsam	together
der Vorort	suburb

Sie sucht jetzt ein **WG-Zimmer** und einen Job in München. Das ist nicht einfach, weil in München alles sehr **teuer** und die Situation auf dem **Wohnungsmarkt** kompliziert ist. Carla möchte für drei bis vier Monate in Deutschland bleiben.

---

das WG-Zimmer   room in a shared apartment
teuer   expensive
der Wohungsmarkt   housing market

1. WG-Zimmer gesucht

Carlas Wecker klingelte um 8:00 Uhr. Susanne **war** schon **weg**. Ihre **Vorlesungen fingen** früh **an** und sie **brauchte** mit **S-Bahn** und Bus mehr als eine Stunde bis zur Universität.

Nach dem **Duschen** und **Frühstücken** skypte Carla kurz mit ihrer Mutter in Porto.

"Wie geht es dir, Carla? Gefällt dir München?"

"Mir geht es gut. Ich habe gestern Sightseeing gemacht. Heute will ich im Internet nach **Wohnungs- und Jobangeboten** schauen."

"**Viel Glück**. Verstehst du dich gut mit Susanne?"

"Ja, sie ist sehr nett. Aber sie hat sehr viel zu tun. Sie fährt morgens früh zur Uni und kommt erst am Abend zurück. Ich habe gestern für sie gekocht und dann haben wir Netflix geschaut."

Carla und ihre Mutter **sprachen** etwa eine halbe Stunde.

---

weg sein	to be gone
die Vorlesung	lecture
anfangen, sie fing an	to start
brauchen	to need
die S-Bahn	train connecting center and suburbs
duschen	to take a shower
frühstücken	to have breakfast
Wohnungs- und Jobangebote	accommodation and job offers
Viel Glück	good luck
sprechen, sie sprach	to speak, she spoke

Jobsuche in München

Nach dem Call öffnete Carla die Website wg-gesucht.de. **Es gab** viele Angebote, aber viele Zimmer waren sehr teuer, mehr als €700 pro Monat. In Porto konnte man für €700 eine schöne Wohnung **mieten.**

Carla **saß bis mittags** vor dem Computer und schickte 28 **Bewerbungen** für WG-Zimmer ab. Es war wichtig, schnell ein Zimmer zu finden.

"**Sobald ich weiß**, wo ich bis September oder Oktober wohnen werde, kann ich einen Job in der Nähe **suchen**", **dachte** Carla. Sie **hatte** ein wenig Geld **gespart** und hatte ein kleines Basiseinkommen mit Online-Portugiesisch-Unterricht.

Auch heute Nachmittag warteten vier Schüler auf sie. Als sie mit dem Tutoring fertig war, loggte Carla sich wieder bei wg-gesucht.de ein. Sie hatte acht neue **Nachrichten.** Sechs Nachrichten waren **Absagen.** Die beiden anderen Nachrichten **las** sie **aufmerksam** durch.

---

es gibt, es gab	there is/are, there was/were
mieten	to rent
sitzen, sie saß	to sit, she sat
bis mittags	until noon
die Bewerbung	application
sobald ich weiß	as soon as I know
suchen	to look for
denken, sie dachte	to think, she thought
sie hatte gespart	she had saved
die Nachricht	message
die Absage	rejection, refusal
lesen, sie las	to read, she read
aufmerksam	attentively

Nachricht 1:

Liebe Carla! Wir würden dich gerne persönlich kennenlernen. Komm doch morgen um 10:00 Uhr zu unserem WG-Casting.

Die Nachricht war auf Englisch.

"Oje, war mein Deutsch so schlecht, dass sie denken, es ist besser, mir auf Englisch zu antworten?" **fragte sich** Carla.

Aber die zweite Nachricht war auf Deutsch.

Nachricht 2:

*Hallo Carla! Wir machen morgen Nachmittag zwischen 15:00 und 17:00 Uhr ein WG-Casting. Du bist **herzlich eingeladen**. Bitte bring eine **Kleinigkeit zum Essen** oder zum Beispiel **eine Flasche Wein** mit.*

WG-Casting? Was ist das? Carla **verstand** das nicht.

"Ich muss später Susanne fragen."

Aber Carla wollte **auf keinen Fall eine Chance verpassen** und beantwortete beide Nachrichten.

---

sich fragen	to ask oneself
herzlich einladen	to invite cordially
eine Kleinigkeit zum Essen	a snack
eine Flasche Wein	a bottle of wine
verstehen, sie verstand	to understand, she understood
auf keinen Fall	in no case
eine Chance verpassen	to miss a chance

Antwort auf Nachricht 1:
*Danke für eure Nachricht. Ich werde morgen kommen und **freue mich darauf**, euch kennenzulernen.*

Antwort auf Nachricht 2:
Danke für eure Nachricht. Ich werde morgen kommen und bringe eine Flasche Wein mit. Ich freue mich darauf, euch kennenzulernen.

Carla schaute auf die Uhr. Es war schon 17:00 Uhr und sie war bis jetzt nur in der Wohnung gewesen. Sie **nahm** ihr Handy und ihren **Schlüssel**, **verließ** die Wohnung und machte einen langen Spaziergang. **Nach anderthalb Stunden kam** sie zurück.

"Hallo, Carla. Wie geht es dir?" Susanne war **in der Zwischenzeit** nach Hause gekommen und begrüßte sie.

"Danke, gut. Und dir?"

"**Stressiger** Tag an der Uni. Aber mir geht es gut, danke. Was hast du gemacht?"

---

sich freuen auf	to look forward to
nehmen, sie nahm	to take, she took
der Schlüssel	key
verlassen, sie verließ	to leave, she left
nach anderthalb Stunden	after one and a half hours
in der Zwischenzeit	in the meantime
stressig	stressful, tiring

"Ich habe nach WG-Zimmern gesucht und habe morgen zwei WG-Castings. Was ist das?"

Susanne lachte. "Das **bedeutet**, dass die anderen **WG-Bewohner** mit den Kandidaten sprechen und **Fragen stellen**. Du kannst natürlich auch Fragen stellen. Wahrscheinlich werden viele Leute **zur gleichen Zeit** da sein und es ist ein bisschen chaotisch. Ich habe dir ja gesagt, dass München verrückt ist. Viele Menschen suchen ein Zimmer oder eine Wohnung. Aber jetzt zum Ende des Semesters ist es normalerweise relaxter. Ich denke, du wirst etwas finden."

"Ja, das hoffe ich. Mal schauen, **ob** ich mehr Nachrichten bekommen habe. Willst du auch schauen?"

"Ja, gerne. Wie viele Nachrichten hast du geschickt?"

"28 und bis jetzt habe ich acht Antworten bekommen. Sechs Absagen und zwei **Einladungen** zu diesen Castings."

"Wow, das ist sehr gut. Viele Studenten schreiben 100 Nachrichten und bekommen zu 80% **gar keine Antwort** oder eine Absage. Dann lass uns mal schauen.

---

bedeuten	to mean
der WG-Bewohner	flatmate
Fragen stellen	to ask questions
zur gleichen Zeit	at the same time
ob	if, whether
die Einladung	invitation
gar keine Antwort	no answer at all

Carla loggte sich wieder bei wg-gesucht ein. Zwölf neue Nachrichten warteten auf sie. Elf Absagen, aber eine Nachricht war positiv.

Nachricht 3:
*Hallo Carla! Wir glauben, dass du gut in unsere WG **passt**. **Komm** doch morgen **vorbei**, dann können wir uns kennenlernen. Wir sind den ganzen Tag zu Hause.*

Susanne war skeptisch.

"Keine **Zeitangabe**. Das ist nicht normal."

Carla lachte. "Das sind **bestimmt** Portugiesen. Oder Italiener. Ich gehe hin. Ich habe Zeit zwischen den zwei anderen **Terminen**."

"**Das stimmt**. Na dann, viel Glück."

---

passen	to fit
komm vorbei	to come around
die Zeitangabe	time specification
bestimmt	for sure
der Termin	appointment
das stimmt	that's correct

EXERCISES

Comprehension Questions

1. Was macht Carla nach dem Frühstück?
2. Wie lange sitzt Carla vor dem Computer und sucht nach WG-Zimmern?
3. Was macht Carla am Nachmittag?
4. Wie lange dauert Carlas Spaziergang?
5. Was ist ein WG-Casting?
6. Wie viele WG-Castings hat Carla am nächsten Tag?
7. Warum ist Susanne beim letzten Casting skeptisch?

Carlas Tagebuch (Vocabulary)

Complete with the correct noun!

Stadt | Nachmittag | Mutter | Nachricht | WG-Zimmer | Fragen | Internet | Job | Sightseeing | Einladungen | Wohnungen

Gestern habe ich (1)_____ gemacht. München ist eine sehr schöne (2)_____. Heute morgen habe ich zuerst mit meiner (3)_____ geskypt. Danach habe ich im (4)_____ nach WG-Zimmern geschaut und vielen WG's eine (5)_____ **geschickt**. WG-Zimmer und (6)_____ in München sind leider sehr teuer. Ich will erst

JOBSUCHE IN MÜNCHEN

ein (7)_____ finden und mir dann in der Nähe einen (8)_____ suchen. Am (9)_____ hatte ich Portugiesischstunden. Bis zum Abend habe ich drei (10)_____ zu WG-Castings bekommen. Bei einem WG-Casting lernen sich die Kandidaten für das Zimmer und die WG-Bewohner kennen und stellen sich (11)_____. Das hat mir Susanne **erklärt.**

schicken   to send
erkären   to explain

Grammar (Past Tense)

Use the verbs in brackets in the past tense. All verbs are irregular and you read all of them in the text.

1. Susanne _____ (sitzen) im Park und _____ (lesen) ein Buch.
2. Eine junge Frau _____ (kommen) zu Susanne und **stellte ihr eine Frage**.
3. Carlas neue Schülerin _____ (verstehen) schon viel Portugiesisch.
4. Carla und die Schülerin _____ (sprechen) eine Stunde **miteinander.**
5. Susanne _____ (verlassen) die Wohnung um 8 Uhr morgens.
6. Carlas Mutter _____ (denken), dass Carla nicht lange in Deutschland bleiben würde .

7. Susanne _____ (nehmen) das Buch mit zur Uni.

eine Frage stellen to ask a questions
miteinander with each other

2. WG-Castings

Carla **verließ** die Wohnung um 9:00 Uhr und machte sich auf den Weg zu ihrem ersten WG-Casting. Sie hatte **für jede Wohnung** die wichtigsten Informationen aufgeschrieben. Ihr erster Termin war um 10:00 Uhr im Zentrum. Eine **Vierer-WG**, aktuell zwei Männer und eine Frau. Das Zimmer war 16 Quadratmeter groß und kostete €560. Der Preis **lag** über Carlas Limit von €500, aber die **Lage** im Zentrum war optimal.

Carla **fuhr** bis zum Marienplatz und musste dann noch etwa fünf Minuten zu Fuß laufen. Die Wohnung war in einem großen alten Haus. Carla klingelte. **Jemand meldete sich** durch die **Sprechanlage** und sagte auf Englisch: "Zweiter Stock, bitte."

Im zweiten Stock **stand** eine Wohnungstür **offen**. Carla **klopfte** und **ging hinein**. Ein junger Mann kam zu ihr.

"Hi, ich bin Tom. Du bist Carla?" Tom sprach Englisch.

"Ja, ich bin Carla", antwortete Carla auch auf Englisch.

---

verlassen, sie verließ	to leave, she left
für jede Wohnung	for every apartment
die Vierer-WG	shared apartment for 4 people
liegen, er lag	to lie (here: to be)
fahren, sie fuhr	to go (by bus/train etc)
die Lage	location
jemand	someone
sich melden	to answer
die Sprechanlage	intercom
offenstehen, sie stand offen	to stand open
klopfen	to knock
hineingehen, sie ging hinein	to enter

Die WG hatte ein Wohnzimmer für alle. Tom **brachte** Carla ins Wohnzimmer. Dort **saßen** ein etwa 40 Jahre alter Mann und eine junge Frau.

Carla stellte sich vor. "Hallo, ich bin Carla. Mein Deutsch ist noch nicht so gut, aber ich lerne jeden Tag."

Der Mann lachte. "Wir sprechen hier nur Englisch und akzeptieren keine deutschen, österreichischen oder Schweizer Mitbewohner. Ich bin Sergej. Die Wohnung gehört mir. Ich bin **Schriftsteller** und den ganzen Tag zu Hause. Ich komme aus Russland, aber ich habe einen deutschen Pass. Aussiedler-Familie, verstehst du?" Das Wort "Aussiedler" sagte er auf Deutsch.

"Ja, ich glaube", meinte Carla. "Deine Familie ist vor langer Zeit nach Russland emigriert und nach dem Ende des Kommunismus wieder zurück nach Deutschland gegangen."

"Genau so ist es. Du kommst aus Portugal?"

"Ja."

"Bist du schon lange in München?"

"Seit drei Tagen. Ich wohne bei einer Freundin und suche jetzt ein Zimmer und einen Job. Ich arbeite momentan als Online-

---

bringen, er brachte — to bring, he brought (here: he took)
sitzen, er saß — to sit
der Schriftsteller — author

Tutorin für Portugiesisch, aber ich möchte gerne einen Job in München finden."

"Hier im Zentrum gibt es viele Jobs. In Cafés, Kneipen und so. Oft ist es okay, wenn du nur Englisch sprichst", meinte die junge Frau auf dem Sofa.

"Ich bin **übrigens** Elena und komme aus Griechenland", **fügte** sie **hinzu**.

"Schön, dich kennenzulernen, Elena."

Sergej **stand auf.** "Komm, ich zeige dir das Zimmer. Vor dir hat ein chinesischer Student dort gewohnt. Er hat den ganzen Tag gelernt und war etwas **langweilig**. Und Elena möchte gerne eine zweite Frau in der Wohnung haben."

Carla **folgte** Sergej und zusammen gingen sie in das freie Zimmer. Es war wirklich sehr groß und hell. Im Zimmer **standen** ein Bett, ein Kleiderschrank, ein Schreibtisch mit Stuhl, ein Regal und ein kleines Sofa.

"Gefällt es dir?"

übrigens	by the way
hinzufügen	to add
aufstehen, er stand auf	to get up
langweilig	boring
folgen	to follow
stehen, sie stand	to stand, she stood

"Oh ja, es ist sehr schön."

"Wie lange willst du in München bleiben, Carla?"

"Ich weiß es noch nicht. **Mindestens** bis September, aber vielleicht länger. Ist das ein Problem?"

"Nein, natürlich nicht. Wir sind ja keine Deutschen. Alles spontan hier. Du bezahlst für zwei Monate Miete **im Voraus** und danach **entscheidest** du für jeden neuen Monat, ob du länger bleiben willst und wir entscheiden, ob wir dich länger hier haben möchten. Alles total demokratisch." Sergej lachte.

"Also bekomme ich keinen **Mietvertrag**?"

"Nein, nein, das ist viel zu deutsch."

"Okay. Und wann entscheidet ihr, wer das Zimmer bekommt?"

"Bis Sonntag kommen noch Kandidaten. Danach setzen Tom, Elena und ich uns zusammen und laden die drei besten Kandidaten am Montag noch einmal ein. Am Montagabend hast du deine Antwort."

"Ok, das klingt gut."

---

mindestens	at least
im Voraus	in advance
entscheiden	to decide
der Mietvertrag	rental contract

"Super, Carla. Dann hörst du Sonntag von uns."

"Ja, gerne."

Carla **verabschiedete sich** und Tom brachte sie zur Tür. Sie schaute auf die Uhr. Eine halbe Stunde hatte ihr erstes Casting gedauert. Das Zimmer war wirklich schön und Sergej, Tom und Elena wirkten sehr nett. Aber es war so **schade**, dass sie nur Englisch sprechen wollten und **offensichtlich** keine gute Meinung von Deutschland und den Deutschen hatten. Nun gut, sie musste jetzt eh bis Sonntag warten.

Carla schaute auf ihre Informationen. Die nächste Wohnung **lag** in der Nähe des Olympia-Parks. Sie konnte kommen, wann sie wollte. Sie nahm die U-Bahn und war nach 30 Minuten am Ziel.

In der Anzeige auf wg-gesucht.de gab es nicht viele Informationen zu dieser WG, aber der **Mietpreis** war mit €280 sehr **günstig**. Carla **klingelte**. Der Türöffner **summte** und sie ging **zögernd** hinein. Welches Stockwerk? Im Erdgeschoss waren alle Wohnungstüren geschlossen. Sie ging in den ersten Stock. Dort war eine Tür offen. Sie klopfte.

---

sich verabschieden	to say goodbye
es ist schade	it is a pity
offensichtlich	obviously
liegen, sie lag	to be situated
der Mietpreis	rental price
günstig	inexpensive
klingeln	to ring the bell
summen	to buzz
zögernd	hesitant, reluctant

"Komm rein."

Carla **stand** in einem **engen Flur**. Dort standen viele Boxen und alles wirkte sehr chaotisch. Es **roch** auch **komisch**. Ein junger Mann **kam** aus einem der Zimmer.

"Hi, du kommst **wegen des Zimmers**?"

"Ja."

"Du kannst kochen, oder?"

"Ja schon, aber ...."

"Super. Also, du hast ja gesehen, dass das Zimmer für München **superbillig** ist. Wir wollen **möglichst** eine Frau als Mitbewohnerin, die gut kochen kann und auch gerne das Bad und die Küche **putzt**. In unseren Zimmern musst du natürlich nicht putzen."

"Aha", meinte Carla. "Wie viele Leute wohnen denn hier?"

---

stehen, sie stand	to stand, she stood
der enge Flur	narrow hallway
riechen, es roch	to smell
komisch	weird
kommen, er kam	to come, he came
wegen des Zimmers	because of the room
superbillig	extremely cheap
möglichst	if possible
putzen	to clean

"Nur Thomas und ich. Thomas ist gerade mit einer anderen Kandidatin in der Küche. Ich bin übrigens Robert."

"Kann ich bitte das Zimmer sehen? Und auch das Bad und die Küche?"

"Klar. **Hier entlang.**" Robert öffnete eine Tür.

"Hier ist das freie Zimmer."

Carla schaute hinein und war **entsetzt**. Das Zimmer war maximal 10 Quadratmeter groß und es gab nur ein Bett. Auf dem **Fußboden lag Kleidung** und auch hier **roch es komisch**.

"Wohnt hier noch jemand? Wem gehört die Kleidung?"

"**Keine Angst.** Die Kleidung gehört mir und Thomas. Du kannst sie einfach in eine der Boxen auf dem Flur packen. Komm, ich **zeige** dir noch das Bad und die Küche."

Das Bad war noch schlimmer als das Zimmer. Wann hatten sie es das letzte Mal geputzt? Vor einem Jahr oder vor noch längerer Zeit?

---

hier entlang	this way
entsetzt	horrified
der Fußboden	floor
liegen, es lag	to lie
die Kleidung	clothes
es roch komisch	it smelled weird
keine Angst	don't be afraid
zeigen	to show

JOBSUCHE IN MÜNCHEN

Carla sagte nichts, aber **sie wusste**, dass sie **auf keinen Fall** hier wohnen wollte. Sie folgte Robert in die Küche. Dort saß sein Freund Thomas mit einer jungen Frau am Küchentisch. Beide **rauchten, offensichtlich** Marihuana. Aber **der unangenehme Geruch** kam von dem vielen **dreckigen Geschirr** und aus **Töpfen mit Essensresten**. Carla wollte nur noch weg. Sie schaute auf die Uhr.

"Oh, ich muss gehen. Ich habe einen Termin."

"Alles klar. Wir melden uns wegen des Zimmers. Es kommen heute noch ein paar Leute vorbei."

"Ja, klar. Danke. Es war nett, euch kennenzulernen."

Auf der Straße **atmete** Carla **tief ein**. "Mamma mia, die Story glauben Mama und Papa mir nie. Nicht alle Deutschen sind **sauber** und **ordentlich**."

Es war noch nicht 12:00 Uhr mittags und der letzte Besichtigungstermin war erst um 15:00 Uhr. Carla wollte einen Spaziergang im Olympiapark machen und etwas essen.

---

wissen, sie wusste	to know, she knew
auf keinen Fall	in no case
rauchen	to smoke
offensichlich	obviously
unangenehm	unpleasant
der Geruch	smell
dreckiges Geschirr	dirty dishes
Töpfe mit Essensrestens	pots with leftovers
tief einatmen	to take a deep breath
sauber und ordentlich	clean and tidy

Nach dem Essen schaute sie auf ihre Informationen: Sechser-WG, momentan drei Frauen und zwei Männer, Nähe Bahnhof München Ost, 14 Quadratmeter, €480. Und nach dieser **schrecklich dreckigen** Wohnung konnte es nur besser werden. Ah, sie wollte noch eine Flasche Wein kaufen. **Laut Susanne** war es nicht normal, zu Wohnungsbesichtigungen etwas mitbringen zu müssen. Oder sollte sie lieber **Kuchen** kaufen? Dort war eine Bäckerei. Carla ging hinein. Der Kuchen war viel teurer als in Portugal und bei fünf Personen konnte sie bestimmt nicht nur zwei Stück Kuchen mitbringen. Also besser einen Supermarkt suchen und eine günstige Flasche Wein kaufen. Sie hatte **genug Zeit**.

Um halb vier stand Carla vor einem roten Haus im Münchner Osten und hatte eine Flasche Wein in ihrem Rucksack. Das Haus hatte zwei Stockwerke. An den **Klingelschildern** standen nur Vornamen. **Offensichtlich** bewohnte die WG das komplette Haus. Das Fenster über der Haustür war offen und Carla hörte Musik. Sie klingelte. Es passierte nichts. Sie klingelte ein zweites Mal. Jemand öffnete die Tür.

"Hi, ich bin Jeanette. Bist du auch **wegen dem Zimmer** hier?"

"Ja, ich heiße Carla. Wohnst du hier?"

---

schrecklich dreckig	terribly dirty
laut Susanne	according to Susanne
der Kuchen	cake
genug Zeit	enough time
das Klingelschild	doorbell plate
offensichtlich	obviously
wegen dem Zimmer	because of the room

"Nein, Casting-Party."

"Casting-Party?" fragte Carla irritiert.

Jeanette lachte. "Die sind total gut drauf hier. Komm einfach rein. Hast du etwas für die Party mitgebracht?"

Carla **holte** die Flasche Wein **aus** ihrem Rucksack.

"Wow, super, Alkohol." Sie **zog** Carla hinter sich her in den ersten Stock. Alle Zimmertüren waren offen. "**Amüsier dich**", meinte sie und **verschwand** mit Carlas Flasche Wein in einem der Zimmer.

Carla ging durch die Wohnung. **In jedem Zimmer** standen fünf bis sechs Menschen. Niemand **beachtete** sie. Sie **lief** wieder ins **Erdgeschoss**. Auch hier waren viele Menschen und **die meisten** hatten offenbar schon viel Alkohol getrunken.

Sollte sie **jemanden ansprechen** und fragen, wer hier wohnte und welches das freie Zimmer war? Nein, das hier war nicht normal. Carla wollte in einer normalen WG mit normalen Menschen

---

aus dem Rucksack holen	to take out of the backpack
ziehen, sie zog	to pull
sich amüsieren	to enjoy oneself, to have fun
verschwinden, sie verschwand	to disappear
jemanden beachten	to pay attention to someone
in jedem Zimmer	in each room
laufen, sie lief	to go, to walk
das Erdgeschoss	groundfloor (UK), first fllor (US)
die meisten	most of them
jemanden ansprechen	to address somone

wohnen. Sie wollte keine **Putzfrau** sein und sie wollte auch keine Party-WG. Einer Sechser-WG war eh zu groß.

Carla lief zur Haustür, ging hinaus und **fuhr zurück** zu Susannes Wohnung.

---

die Putzfrau — cleaning lady
zurückfahren, sie fuhr zurück — to go back (by a vehicle)

EXERCISES

Comprehension Questions

1. Wie viele Personen wohnen in der ersten WG?
2. Warum sprechen alle Englisch?
3. Welchen Beruf hat Sergej, der Besitzer der ersten Wohnung?
4. Wie gefällt Carla das erste Zimmer?
5. Wo liegt die zweite WG?
6. Wer wohnt in der zweiten WG?
7. Warum ist das zweite Zimmer so billig?
8. Was macht Carla nach der zweiten Besichtigung?
9. Was kauft Carla für die dritte WG?
10. Wie ist das Casting in der dritten WG?

Carlas Tagebuch (Vocabulary)

Complete with the correct noun!

Besichtigung | Wohnungen | Minuten | Deutsch | Party | Männer | Katastrophe | Küche | Putzfrau | Zimmer | Mittag

Heute hatte ich meine ersten WG-Castings. Ich habe drei (1)_____ besichtigt. Das erste (2)_____ war in einer Wohnung im Zentrum und wirklich schön, aber dort sprechen

Graded Reader German A2

alle nur Englisch und ich möchte doch mein (3)_____ **verbessern**. Das zweite Casting war eine (4)_____. In der Wohnung leben zwei junge (5)_____ und sie suchen keine Mitbewohnerin, sondern eine (6)_____. Die ganze Wohnung hat komisch gerochen und die (7)_____ und das Badezimmer waren total dreckig. Ich war sehr **froh**, als ich wieder **draußen** war. Nach dieser (8)_____ hatte ich Zeit und bin im Olympiapark spazieren gegangen. Ich habe auch etwas zu (9)_____ gegessen. Das dritte Casting war leider auch nicht gut. Dort war eine (10)_____ und ich habe mit niemandem gesprochen. Ich habe **mich** nicht **wohl gefühlt** und bin nach wenigen (11)_____ wieder gegangen. Hoffentlich habe ich mit meinen nächsten Castings mehr Glück.

verbessern	to improve
froh	happy
draußen	outside
sich wohlfühlen	to feel good

Grammar (Past Tense)

Use the verbs in brackets in the past tense. All verbs are irregular and you read all of them in the text.

1. Susanne _____ um sieben Uhr _____ (aufstehen), frühstückte und _____ (fahren) ins Büro.
2. Carla und ihre Mutter _____ (liegen) den ganzen Tag am Strand.

JOBSUCHE IN MÜNCHEN

3. Susannes Freundin _____ (bringen) die Kinder in den Kindergarten und _____ (gehen) in ein Café.

4. Susanne und Carla _____ (verlassen) das Haus um acht und _____ (kommen) drei Stunden später zurück.

5. Carla _____ (riechen) das Parfüm.

6. Susanne _____ (stehen) eine halbe Stunde an der **Bushaltestelle**, aber es _____ (kommen) kein Bus.

7. Ich _____ (wissen), dass du **zu spät kommen** würdest.

8. Der Mann _____ (laufen) in den Park und _____ (verschwinden) dann **aus meiner Sicht**.

9. Meine Mutter _____ (sitzen) im Auto und wartete.

die Bushaltestelle	bus stop
zu spät kommen	to be late
aus meiner Sicht	from my sight

Grammar Note

Preposition "wegen"

Attentive readers may have noticed that in this chapter, one person says "wegen des Zimmers" (genitive case) and another person "wegen dem Zimmer" (dative case).

Using correct grammar "wegen–because of" triggers a genitive case. However, you may have already heard that the genitive case tends to sound pretty formal in the spoken language. German actually has a big number of genitive prepositions but almost all of them are only used in formal contexts and written language. "wegen" is an exception" and is often used with the dative case in informal situations.

3. Frauenabend

Carla war um 17:00 Uhr wieder zu Hause. Susanne war schon da. Carla war **überrascht**.

"Hattest du heute nicht so viele **Vorlesungen**?"

"Meine letzte Vorlesung **ist ausgefallen**. Der Dozent ist krank. Wie waren deine WG-Castings?"

"Ich habe gelernt, dass Deutschland **verrückt** ist", lachte Carla.

"Warum? Was ist passiert? Du, **hast du Lust**, mir alles bei einem Glas Wein zu erzählen? Es gibt hier in der Nähe eine sehr nette **Kneipe**, aber ich muss noch etwas für die Uni machen. Wir könnten um 19:00 Uhr gehen. Was meinst du?"

"Ja, das klingt gut."

Susanne ging in ihr Zimmer und Carla setzte sich mit ihrem Laptop an den Küchentisch. Sie hatte vier neue Nachrichten auf wg-gesucht.de.

überrascht sein	to be surprised
die Vorlesung	lecture
es ist ausgefallen	it was cancelled
verrückt	crazy
Lust haben	to feel like / to be in the mood for
die Kneipe	small pub

Nachricht 1

*Danke für dein Interesse. Bitte schicke uns bis morgen um 11:00 Uhr **Einkommensnachweise** der letzten drei Monate und eine Schufa-Auskunft. Wenn alles okay ist, bieten wir dir gerne einen **Besichtigungstermin** an.*

Schufa-Auskunft? Carla **machte sich eine Notiz**. Sie musste Susanne fragen. Was ist eine Schufa-Auskunft?

Nachricht 2

*Liebe Carla! Vielen Dank für deine Nachricht. Das Zimmer ist **schon vermietet**. Wir wünschen dir viel Glück bei deiner Wohnungssuche.*

Schade, aber sehr nett von dieser WG, dass sie eine Nachricht schickten.

Nachricht 3:

Liebe Carla! Vielen Dank für deine Nachricht. Wir würden dich gerne kennenlernen. Hast du morgen um 17:00 Uhr Zeit?

Carla **schrieb** sofort **zurück** und **bestätigte den Termin**.

---

der Einkommensnachweis	proof of income
der Besichtigungstermin	appointment to view
sich eine Notiz machen	to take notes
schon vermietet	already rented
schade	what a pity
zurückschreiben, sie schrieb zurück	to write back
den Termin bestätigen	to comfirm the appointment

Nachricht 4:

*Liebe Carla! Wir machen morgen zwischen 13:00 und 18:00 Uhr ein Casting. Es werden **ungefähr** 20–25 Kandidaten **teilnehmen**. Bitte bereite eine kurze Präsentation (ca 10 Minuten Länge) vor. In der Präsentation sollst du dich vorstellen und **begründen**, warum du in unserer WG wohnen möchtest. Du kannst gerne **witzig** sein. Für jede Präsentation vergeben wir 1–10 Punkte. Die fünf Kandidaten mit den meisten Punkten kommen in die nächste Runde. Wir machen **am folgenden Tag** persönliche Gespräche mit ihnen. **Wir freuen uns darauf**, dich kennenzulernen.*

Carla war **sprachlos**. Das war wirklich verrückt. Sie suchte neue Anzeigen auf wg-gesucht.de und verschickte **weitere zwölf Nachrichten**.

Pünktlich um 19:00 Uhr kam Susanne aus ihrem Zimmer und die beiden Frauen gingen in die Kneipe. Sie fanden einen ruhigen Tisch **in einer Ecke**.

Carla hatte ihren Laptop mitgenommen. Sie wollte Susanne die Nachrichten zeigen und ihren **Rat** hören. Sie bestellten einen Weißwein und eine Portion Mozzarella Fingers.

---

ungefähr	approximately
teilnehmen	to participate
begründen	to justify
witzig	funny
am folgenden Tag	on the next day
sich freuen auf	to look forward to
sprachlos	speechless
weitere zwölf Nachrichten	another twelve messages
in einer Ecke	in a corner
der Rat	advice

"Jetzt erzähl. Was ist dir bei deinen WG-Castings passiert?"

"Ok. Also, die erste WG war eigentlich okay. Ein sehr schönes großes Zimmer, sehr zentral und nette Mitbewohner. Aber sie mögen keine Deutschen und wollen kein Deutsch sprechen, nur Englisch."

Susanne lachte. "Haben sie dir das Zimmer denn **angeboten**?"

"Sie **sagen** mir am Sonntag **Bescheid**."

"Ok. Also, wenn das Zimmer schön ist, dann nimmst du es. Ist doch gut für dich. In der WG **übst du Englisch** und bei der Arbeit Deutsch."

"Hm, stimmt, so habe ich das nicht gesehen. Das Zimmer ist ein bisschen teuer, aber ich kann es bezahlen, denke ich."

"Super. Und die anderen Castings?"

"Katastrophe. **Stell dir vor,** in der zweiten Wohnung leben zwei junge Männer. Sie suchen keinen Mitbewohner, sondern eine Putzfrau. Ich habe noch nie in meinem Leben **so eine dreckige Wohnung** gesehen. Das Badezimmer hat sicher seit einem Jahr niemand geputzt und der **Gestank** in der Küche war **unerträglich**."

---

anbieten, sie hat angeboten	to offer, she has offered
Bescheid sagen	to get back to, to tell
Englisch üben	to practice English
stell dir vor	imagine
so eine dreckige Wohnung	such a dirty apartment
der Gestank	bad smell
unerträglich	unbearable

"Oje. Also, das ist ein no-go."

"Exakt. Ich war so froh, als ich wieder aus der Wohnung war. Aber ich habe nach der Besichtigung einen Spaziergang durch den Olympiapark gemacht und das war wirklich sehr schön."

"Ja, der Olympiapark ist super. Und danach? Du hattest drei Besichtigungen, nicht wahr?"

"Ja, genau. Die letzte Wohnung lag in der Nähe des Ostbahnhofs. Das war keine Besichtigung, das war ein Party-Casting oder so."

"Party-Casting?" Susanne guckte **erstaunt**.

"Ja. **Erinnerst du dich an** die Anzeige? Ich sollte etwas zum Essen oder eine Flasche Wein mitbringen. Das habe ich gemacht. Die WG war in einem kompletten Haus, zwei Stockwerke. Es waren sicher 20 oder 30 Leute dort. Ich wusste nicht, wer dort wohnte und wer Kandidat war. **Niemand** hat mit mir gesprochen. Nach zehn Minuten bin ich wieder gegangen. Ist so etwas normal in Deutschland?"

"Nein, ganz sicher nicht. **Das macht ja keinen Sinn.** Wie wollen die einen neuen Mitbewohner finden, wenn sie nicht mit den Leuten sprechen?"

---

erstaunt	surprised
sich erinnern an	to remember
niemand	nobody
Das macht keinen Sinn	that doesn't make sense

"Vielleicht akzeptieren sie die Person, die am Abend **betrunken** auf dem Sofa liegt und nicht nach Hause gegangen ist", lachte Carla.

"Das kann natürlich sein".

"Warum wohnst du eigentlich nicht in einer WG, Susanne? In Deutschland ist das für Studenten normal, oder?"

"Ja, das ist richtig. Ich habe zu Beginn meines Studiums acht Monate in einer WG gewohnt, aber es hat mir nicht gefallen. Es war mir zu laut und es gab immer Stress. Das Badezimmer und die Küche waren oft nicht sauber. Wir waren **zu sechst** und in den acht Monaten gab es vier **Mitbewohnerwechsel**."

"Wie hast du die Wohnung hier gefunden?"

"Die Wohnung gehört meiner Tante. Sie **ist** in die Schweiz **gezogen** und hat mir angeboten, während meines Studiums hier zu wohnen. Ich bezahle für München sehr wenig Miete. Später wird meine Tante die Wohnung dann zu einem höheren Preis vermieten."

"Du hattest also sehr viel Glück."

"Ja, das stimmt. Der Weg bis zur Uni ist zwar etwas weit, aber die Wohnung ist schön und ruhig. Ich bin glücklich. Hast du noch weitere Anzeigen auf wg-gesucht.de gefunden?"

---

betrunken	drunken
zu sechst	six people
der Mitbewohnerwechsel	change of flatmates
ziehen, sie ist gezogen	to move (to another place)

"Ja. Ich habe vorhin noch zwölf Nachrichten geschrieben und es gab vier neue Antworten in meinem **Postfach**. Ich brauche deine Hilfe."

Carla holte ihren Laptop aus der Tasche und zeigte Susanne die vier Nachrichten.

"Was ist eine Schufa-Auskunft?"

"Oh, das ist kompliziert zu erklären. Es ist ein Papier, dass sagt, dass du Kredite immer pünktlich **zurückbezahlt** hast. Aber es funktioniert nur, wenn du in Deutschland lebst."

"Ok, dann ignoriere ich diese Anzeige."

"Ja, das ist am besten. **Zeig** mal die anderen Nachrichten".

Susanne **las** die vierte Nachricht und lachte. "Auch das ist nicht normal in Deutschland. **Verrückte Idee**, aber sicher werden Leute **dort hingehen**."

"Aber ich nicht. Ich gehe zur Besichtigung um 17:00 Uhr. Das ist auch in der Nähe vom Ostbahnhof. **Hoffentlich** ohne Party."

---

das Postfach	mailbox
zurückbezahlen	to pay back
zeigen	to show
lesen, sie las	to read
verrückte Idee	crazy idea
dort hingehen	to go there
hoffentlich	hopefully

"Die Nachricht **klingt sehr nett** und normal. Ich wünsche dir viel Glück. Was wirst du morgen vor dem Termin machen?"

"Ich habe von 10:00–12:00 und von 13:00–15:00 Uhr Portugiesischschüler. Ich muss ja auch ein bisschen **Geld verdienen.** München ist teurer als Porto." Carla lachte.

"Ich habe auch eine **Neuigkeit**", meinte Susanne.

"Erzähl."

"Ich habe vor zwei Wochen bei einer **Ausstellung** einen sehr netten Typen kennengelernt. Er heißt Alexander und ist **Assistenzarzt** am Uniklinikum. Er arbeitet sehr viel, aber wir haben per WhatsApp Kontakt gehalten und er will morgen mit mir ins Restaurant gehen."

"Ah, interessant. Wie alt ist er?"

"Er ist 32, fast zehn Jahre älter als ich, aber das ist okay." Susanne **wurde** ein bisschen **rot.**

"Natürlich, das ist doch kein Problem. Du musst mir am Sonntag alles erzählen."

---

klingt sehr nett	sounds very nice
Geld verdienen	to earn money
die Neuigkeit	news
die Ausstellung	exhibition
der Assistenzarzt	resident physician
rot werden	to blush

Susanne und Carla blieben bis 23:00 Uhr in der Kneipe. Sie waren beide ein bisschen **betrunken**. Zum Glück war Susannes Wohnung nicht weit und es war eine warme Juninacht. Beide gingen **sofort** ins Bett und **schliefen tief und fest** bis zum nächsten Morgen.

---

betrunken drunken
sofort immediately
tief und fest schlafen to be sound asleep

EXERCISES

Comprehension Questions

1. Warum ist Susanne so früh zu Hause?
2. Was macht Susanne bis 19 Uhr?
3. Wie viele neue Nachrichten hat Carla auf wg-gesucht.de bekommen?
4. Verschickt Carla neue Nachrichten?
5. Wohin gehen Carla und Susanne?
6. Was denkt Susanne über die erste WG, wo alle nur Englisch sprechen?
7. Hat Susanne einmal in einer WG gewohnt?
8. Warum ist Susannes Wohnung so billig?
9. Wie viele WG-Castings macht Carla morgen?
10. Welche Neuigkeit hat Susanne?

Carlas Tagebuch (Present Perfect)

Fill in the blanks using the verb in brackets in the present perfect. Pay attention to the present perfect with "haben" or "sein".

Als ich nach Hause (1)_____ _____ (kommen), war Susanne schon da. Sie musste noch etwas für die Uni machen, aber danach (2a)_____ wir in eine Kneipe (2b)_____ (gehen). Dort (3a)_____ wir Wein (3b)_____ und ich (4a)_____ Susanne von meinen **Erlebnissen** bei den WG-Castings (4b)_____ (erzählen). Susanne (5)_____ _____ (lachen) und (6)_____ (sagen), dass Party-Castings und die Suche nach einer Putzfrau nicht normal sind. Sie hatte auch eine **Neuigkeit**: Sie (7a)_____ jemanden (7b)_____ (kennenlernen) und hat morgen ein Date mit ihm. Wir (8a)_____ bis 23 Uhr in der Kneipe (8b)_____ (bleiben) und (9a)_____ dann zu Hause sofort (9b)_____ (schlafen).

das Erlebnis   experience
die Neuigkeit   news

Grammar (Past Tense)

Use the verbs in brackets in the past tense. All verbs are irregular and you read all of them in the text.

1. Susanne _____ (werden) rot, als sie von ihrem Date erzählte.
2. Carla _____ (schreiben) viele Nachrichten.
3. Die zwei Frauen _____ (gehen) in eine Kneipe.
4. Carla und Susanne _____ (lesen) die neuen Nachrichten zusammen.
5. Carla _____ (bleiben) nicht lange in der Party-WG.
6. Carla _____ (finden) viele interessante Anzeigen auf wg-gesucht.de

7. Carla und Susanne _____ (schlafen) erst um Mitternacht.

Grammar Note

hin / her

I know from students that these two small words are confusing. German is more precise with directions than English. The words "hin" and "her" are used with verbs of movement, such as "kommen", "gehen", "fahren". They are normally combined with "dort" or "hier" and indicate direction. You actually know both words from two common question words: "wohin" (where to) and "woher" (where from). And you know that it is always "Woher kommst du?" and "Wohin gehst/fährst/fliegst du?". In combination with "dort", "hin" und "her" stick with the same verbs:

hin
1. *Ich fahre nach Berlin = Ich fahre dorthin.*
2. *Sie geht in den Supermarkt = Sie geht dorthin.*
3. *Wir gehen zur Bank. = Wir gehen dorthin.*
4. *Dorthin gehe ich nicht.*

The verbs of movement indicating that you go somewhere are normally combined with "dorthin". There are some contexts where it's possible to use "hier":

Sie sind zu Fuß hierhin gelaufen.

her

1. Er kommt zu uns nach Deutschland = Er kommt hierher/hierhin.
2. Er kommt aus Italien = Er kommt dorther.
3. Ich komme aus dem Café = Ich komme dorther.

There is no difference in meaning between "hierhin" and "hierher".

There's also an expression "hin und her", meaning "back and forth", "in circles". Here are two examples:

1. Er ist den ganzen Tag hin und her gelaufen.
2. Ich habe die ganze Nacht hin und her überlegt.

4. Eine WG für Carla

Carlas Portugiesischstunden waren sehr **unterhaltsam** gewesen, aber vier Stunden online **mit jemandem** sprechen war auch **anstrengend**. Sie wollte vor dem WG-Termin einen Spaziergang machen. **Zunächst las** sie noch einmal die Anzeige: Sechser-WG, Zimmer 14 **Quadratmeter** groß, Haus mit Garten, € 490, temporäre Miete bis zum 30. September. Sechs Leute in der WG war ziemlich viel, aber ein Garten war super. **Hoffentlich** waren es normale Mitbewohner.

Pünktlich um 17:00 Uhr **stand** Carla vor dem Haus in der Halserspitzstraße und **klingelte**. Eine junge Frau öffnete die Tür.

"Hallo, ich bin Isabel. Du bist Carla?"

"Ja, genau. Schön, dich kennenzulernen."

"Komm herein. Ich zeige dir erst einmal alles."

Isabel **führte** Carla zuerst durch das Erdgeschloss.

---

unterhaltsam	entertaining
mit jemandem	with someone
anstrengend	exhausting
zunächst	first
lesen, sie las	to read
der Quadratmeter	square meter
hoffentlich	hopefully
stehen, sie stand	to stand
klingeln	to ring the bell
führen	to lead, to guide

"Hier im Erdgeschoss ist die Küche. Wir **benutzen** sie alle. Nach dem Kochen und Essen musst du bitte sofort alles **saubermachen** und **aufräumen**."

Carla **schaute sich um**. Die Küche war groß und hell und auch sauber. Sie hatte sofort einen guten Eindruck von der WG.

Sie **setzen den Rundgang fort**.

"Jedes Stockwerk hat ein Badezimmer. Hier im Erdgeschoss gibt es noch eine extra Toilette. Das freie Zimmer ist oben. Lass uns hochgehen."

Carla folgte Isabel die Treppe hoch. Die junge Frau zeigt ihr zuerst das Wohnzimmer. Dort **saß** ein junger Mann und **las**.

"Jan, das ist Carla. Mit Jan darfst du nicht diskutieren. Er **promoviert** in Philosophie und weiß immer eine sehr intelligente Antwort."

Jan lachte. "Ich bin ganz normal, aber ich lese interessantere Sachen als Isabel und deswegen ist sie **neidisch**."

---

benutzen	to use
saubermachen	to clean
aufräumen	to tidy up
sich umschauen	to have a look around
den Rundgang fortsetzen	to continue the tour
sitzen, er saß	to sit, he sat
lesen, er las	to read, he read
promovieren	to do a PhD
neidisch	envious

Auch Isabel lachte. "**Ich glaube nicht**." Sie wandte sich wieder zu Carla. "Ich studiere Biologie und **interessiere mich** vor allem **für** Genetik."

"Es klingt beides interessant, Genetik und Philosophie", meinte Carla.

"Gute Antwort. Machen wir weiter mit der **Führung**. Wie du siehst, hat das Wohnzimmer einen Balkon. Er ist nicht groß, aber wir haben einen super Garten."

Carla und Isabel **traten** auf den Balkon. Der Garten war wirklich groß. Es gab drei Bäume und viele Blumen. In einer Ecke stand ein Tisch mit acht Stühlen und **zwischen zwei Bäumen hing** eine **Hängematte**.

"Wow, das ist toll", meinte Carla.

"Komm, ich zeige dir noch das Zimmer."

Sie gingen zurück auf den Flur und Isabel öffnete die Tür **gegenüber** vom Wohnzimmer.

---

ich glaube nicht	I don't think so
sich interessieren für	to be interested in
die Führung	guided tour
treten, sie trat	to step
zwischen zwei Bäumen	between two trees
hängen, sie hing	to hang
die Hängematte	hammock
gegenüber	opposite

"Du hast ja in der Anzeige gelesen, dass es eine temporäre Miete ist. In dem Zimmer wohnt normalerweise Marla. Sie beendet gerade ihren Master in Soziologie und ist bis Anfang Oktober in Tansania. Die zwei Boxen auf dem Kleiderschrank **gehören** Marla. Sie will nur eine Frau in ihrem Zimmer haben, aber das konnten wir nicht in der Anzeige schreiben. Es soll keine Probleme wegen Diskriminierung geben."

"Ich verstehe", meinte Carla. Das Zimmer war schön. Es gab ein großes Bett, einen großen Kleiderschrank, einen Schreibtisch vor dem Fenster, ein Regal und ein **Sitzkissen**. An den Wänden **hingen** Fotos und **Gemälde** mit Motiven aus Afrika.

"Gefällt es dir?" fragte Isabel?

"Oh ja, sehr sogar."

Isabel schaute auf die Uhr. "Um halb sechs kommt die letzte Kandidatin. Wir haben noch zehn Minuten Zeit, damit du die anderen kennenlernst. Lass uns ins Wohnzimmer gehen."

Isabel schickte Nachrichten an alle WG-Bewohner und sie **kamen** ins Wohnzimmer, zwei Frauen und ein Mann.

---

gehören + Dativ	to belong to
das Sitzkissen	chair cushion
hängen, sie hing	to hang
das Gemälde	painting
kommen, sie kam	to come, she came

Der Mann **lächelte** Carla **an**: "Ich bin Henrik. Erzähl uns ein bisschen von dir." Er hatte einen interessanten Akzent.

"Woher kommst du?" fragte Carla **neugierig**.

Henrik lachte. "Aus Norwegen."

"Oh, wie interessant. Ich komme aus Portugal. Ich bin seit ein paar Tagen in München und möchte einige Monate bleiben. Ich will mein Deutsch **verbessern**. Ich bin 20 und habe letztes Jahr in Portugal Abitur gemacht. Ich möchte **im Bereich Umwelt** arbeiten, aber ich brauchte erst ein Jahr Pause. Ich muss **entscheiden**, wo ich studieren möchte. Vielleicht nicht in Portugal. Ich **unterrichte** Portugiesisch online, aber ich möchte hier in München einen Job finden."

"Ich studiere hier **Umweltwissenschaften** und kann dir gerne einige Informationen geben", meinte Henrik. "Gibst du mir deine WhatsApp-Nummer?"

Isabel **unterbrach** Henrik. "Ihr könnt ja gleich noch sprechen. Ich möchte Carla schnell die anderen vorstellen."

---

anlächeln, er lächelte an	to smile at
neugierig	neugierig
verbessern	to improve
im Bereich Umwelt	in the environmental sector
entscheiden	to decide
unterrichten	to teach
die Umweltwissenschaften	environmental sciences
unterbrechen, sie unterbrach	to interrupt

"Natürlich. Entschuldigung", meinte Carla.

"Ok, Jan und Henrik kennst du schon. Unsere beiden anderen Frauen studieren Informatik. Das hier ist Xenia. Sie kommt aus Russland und macht einen Master. Und das hier ist Mary. Sie kommt aus Kenia und macht einen Bachelor."

Die sehr blonde Xenia und die schwarzhaarige Mary waren ein interessanter Kontrast. Beide wirkten sehr sympathisch und lächelten Carla freundlich zu.

Es klingelte.

"Oh, schon halb sechs", meinte Isabel. "Ich **gehe herunter.** Carla, du willst ja noch mit Henrik sprechen."

"Lass uns in den Garten gehen", **schlug** Henrik **vor.**

"Ja, gerne."

Sie gingen zusammen in den Garten.

"Ich hoffe, du bekommst Marlas Zimmer", meinte Henrik und lächelte sie an. Der große blonde Norweger **fand** Carla **offenbar** sympathisch.

---

heruntergehen	to go downstairs
vorschlagen, er schlug vor	to suggest
finden, er fand	to find
offenbar	obviously

"Das hoffe ich auch", antwortete Carla. "Eure WG gefällt mir sehr gut. Wann **trefft** ihr eine **Entscheidung**?"

"Isabel organisiert alles. Wir werden **heute Abend** kurz sprechen, denke ich."

"Waren viele Leute hier?"

"Gestern waren zehn hier und heute acht. Wir sind eine sehr stabile WG. Mary ist neu. Sie wohnt seit April hier. Wir anderen kennen uns seit zwei Jahren. Ich denke, **die Hälfte der Kandidaten** war nicht gut für uns. Sie suchen etwas Permanentes und werden vielleicht noch vor Oktober wieder **ausziehen.** Wo wohnst du jetzt?"

"Bei einer Freundin. Sie hat eine kleine Wohnung und ich schlafe im Wohnzimmer. Das ist für ein oder zwei Wochen okay, aber ich brauche **ein eigenes Zimmer**."

"Klar. Okay, hier ist meine WhatsApp-Nummer." Henrik zeigte Carla sein Handy und sie addete ihn.

"Wenn du hier einziehst, sehen wir uns oft. Wenn nicht, treffen wir uns mal auf ein Bier und ich erzähle dir von meinem Studium, okay?"

---

eine Entscheidung treffen	to make a decision
heute Abend	tonight
die Hälfte der Kandidaten	half of the candidates
ausziehen	to move out
ein eigenes Zimmer	a room of her/his own

"Ja, gerne."

Henrik brachte Carla zur Haustür. Glücklich fuhr sie nach Hause. Henrik war wirklich sehr nett.

Susanne war nicht zu Hause. Vielleicht war sie schon bei ihrem Date. Carla machte sich Spaghetti mit Tomatensauce.

Nach dem Essen checkte sie noch einmal ihre Nachrichten auf wg-gesucht.de. Es gab eine Nachricht von Isabel. Aufgeregt las Carla:

*Liebe Carla! Das freie Zimmer in unserer WG gehört dir. Wann willst du einziehen? PS: Von Frau zu Frau: Henrik hat keine andere Kandidatin akzeptiert. Ich hatte den **Eindruck**, du magst ihn auch, oder? Liebe Grüße, Isabel.*

Carlas **Herz schlug laut.** Ja, sie mochte Henrik auch und **sie freute sich wahnsinnig.** So schnell ein WG-Zimmer und so eine schöne WG. Sie schrieb Isabel schnell zurück:

Liebe Isabel! Ich freue mich sehr. Meine Freundin Susanne ist jetzt nicht da. Ich muss mit ihr sprechen. Heute ist Freitag. Ich denke, ich werde am Sonntag oder Montag bei euch einziehen. Ich habe nicht viele Sachen, es ist also kein Problem. PS: Ja, ich finde Henrik sehr nett. Liebe Grüße, Carla.

---

der Eindruck	impression
das Herz	heart
schlagen, es schlug	to beat
sich wahnsinnig freuen	to be incredibly happy

EXERCISES

Comprehension Questions

1. Warum ist die Miete in der WG temporär?
2. Aus welchen Ländern kommen die Mitbewohner?
3. Was machen Carla und Henrik nach dem WG-Casting?
4. Was isst Carla zu Abend?
5. Was schreibt Isabel?

Carlas Tagebuch (Prepositions)

Complete with the correct preposition

Ich habe eine WG gefunden! Morgen oder (1)___ Montag ziehe ich um. Die WG liegt (2)___ der Nähe vom Ostbahnhof und sie hat einen schönen großen Garten. Dort wohnen fünf Leute (3)___ **verschiedenen** Ländern. Die WG-Miete ist temporär (4)___ Ende September. Das ist perfekt (5)___ mich, denn ich will (6)___ Ende September (7)___ München bleiben. (8)___ dem Zimmer wohnt normalerweise eine Soziologie-Studentin. Sie ist momentan (9)___ Tansania. (10)___ den Wänden hängen viele Fotos und **Gemälde** (11)___ Afrika. (12)___ der WG wohnt auch ein Student (13)___ Norwegen. Er heißt Henrik und ist sehr sympathisch. Ich glaube, er ist (14)___ mir interessiert. Ich bin sehr **aufgeregt** und freue mich (15)___ meinen Umzug.

verschieden   different
das Gemälde   painting
aufgeregt   excited

Grammar (Past Tense)

Use the verbs in brackets in the past tense. All verbs are irregular and you read all of them in the text.

1. Jan _____ (sitzen) auf dem Sofa und _____ (lesen) ein Buch.
2. Isabel _____ (treten) auf den Balkon und schaute in den Garten.
3. An den Wänden _____ (hängen) Bilder aus Afrika.
4. Carla und und Henrik _____ (stehen) im Garten.
5. Isabel _____ (unterbrechen) Henrik.
6. Die anderen WG-Bewohner _____ (kommen) ins Wohnzimmer.
7. Carla _____ (gehen) nach den Portugiesischstunden spazieren.
8. Er _____ (schlagen) seine Kinder nie.
9. Carla _____ (finden) ein interessantes Buch im Buchladen.
10. Henrik _____ (bringen) Carla zur Haustür.

Grammar Note

The verb "hängen" has a irregular and regular past tense form. It belongs to the group of verb pairs which can be used actively (followed by an accusative case) or passively (followed by a dative case). Here's a short summary and example sentences for all verbs that belong to that group:

Akkusativ
setzen: ich setze, ich setzte, ich habe gesetzt
legen: ich lege, ich legte, ich habe gelegt
stellen: ich stelle, ich stellte, ich habe gestellt
hängen: ich hänge, ich hängte, ich habe gehängt

Dativ
sitzen: ich sitze, ich saß, ich habe gesessen
liegen: ich liege, ich lag, ich habe gelegen
stehen: ich stehe, ich stand, ich habe gestanden
hängen: ich hänge, ich hing, ich habe gehangen

As you can see, the verbs that are used with the accusative case are regular and those used with the dative case are irregular.

Example sentences:
1. Ich setzte den Teddy auf das Sofa. Der Teddy sitzt auf dem Sofa.
2. Er legte das Buch auf den Tisch. Das Buch lag auf dem Tisch.
3. Sie hat die Tasche auf den Stuhl gestellt. Die Tasche hat auf dem Stuhl gestanden.
4. Wir hängten das Bild an die Wand. Das Bild hing an der Wand.

5. Ausflug nach Neuschwanstein

Am Samstagmorgen waren Carla und Susanne schon um 8:00 Uhr wach. Carla war **überrascht**. Susanne war spät nach Hause gekommen.

"Guten Morgen. Du hast aber nicht lange geschlafen."

"Stimmt, aber ich habe **einen guten Grund**."

Carla sah Susanne neugierig an.

"Lass uns erst duschen und dann **reden** wir beim Frühstück."

"Ok. Willst du **zuerst**?"

"Nein, geh du."

Eine halbe Stunde später **saßen** beide Frauen mit Kaffee und Toast am Küchentisch.

"Wir machen heute einen **Ausflug**", meinte Susanne.

"Wir? Du und ich?"

überrascht   surprised
ein guter Grund   a good reason
reden   to speak, to talk
zuerst   first
sitzen, sie saß   to sit, she sat
der Ausflug   excursion

"Genau. Ich wollte es dir gestern sagen, aber ich habe es **vergessen**. **Deshalb** ist es jetzt eine spontane **Überraschung**. Wir fahren nach Neuschwanstein. Ich habe **Eintrittskarten** gekauft. Du kennst Neuschwanstein, nicht wahr?"

Carla lachte. "Natürlich. Jeder **Ausländer** denkt bei Deutschland an Berlin und Neuschwanstein. Das **berühmte Schloss** von König Ludwig II. Das ist ja total super. Und wie kommen wir nach Neuschwanstein?"

"Mit dem Zug bis nach Füssen und dann mit dem Bus. Es dauert drei Stunden, aber es ist kein Problem. Wir müssen um 10:43 Uhr am Hauptbahnhof sein und kommen um 13:13 Uhr in Neuschwanstein an. Unsere **Führung** ist um 14:00 Uhr."

"Du hast alles perfekt organisiert", meinte Carla.

"Ja, typisch deutsch", lachte Susanne.

Um 10:00 Uhr **machten** Carla und Susanne **sich auf den Weg** zum Hauptbahnhof.

---

vergessen	to forget
deshalb	that's why
die Überraschung	surprise
die Eintrittskarte	ticket
der Ausländer	foreigner
berühmt	famous
das Schloss	castle
die Führung	guided tour
sich auf den Weg machen	to set off

"Wir müssen einmal **umsteigen**, ungefähr in der Mitte", **erklärte** Susanne.

"In welcher Stadt?"

"Die Stadt heißt Kaufbeuren. Es ist eine kleine Stadt. Ich kenne sie nicht, nur den Bahnhof."

Der Zug war **voll**, aber Carla und Susanne **fanden** zwei Sitzplätze.

Carla erzählte Susanne von der WG und von Henrik.

"Da **hattest** du aber wirklich **Glück.** Das klingt nach einer tollen WG. Inklusive netter Norweger. Wie sieht er aus?"

"Groß und blond", lachte Carla. "Typisch norwegisch, denke ich. Er ist wirklich sehr **sympathisch.** Die anderen aber auch. Wie war denn dein Date?"

"Wir waren zuerst in einem italienischen Restaurant und dann noch in einer Bar. Ich habe **zuviel** Alkohol getrunken und Alexander auch, aber wir haben **uns** sehr gut **unterhalten**. Er hat mir

---

umsteigen	to change trains
erklären	to explain
voll	full, crowded
finden, sie fand	to find, she found
Glück haben	to be lucky
sympathisch	nice
zuviel	too much
sich unterhalten	to have a conversation

viel von der Routine im Krankenhaus erzählt. Ziemlich stressig, aber auch sehr interessant. Am Wochenende fährt er gerne in **die Berge**. Hier in Bayern oder auch mal in die Schweiz oder nach Österreich. Er **wandert** gerne. Ich glaube, er ist sehr sportlich."

"Wanderst du auch gerne?"

"Ja, aber nicht so intensiv. Und ich relaxe am Wochenende auch gerne. Oder ich **besichtige** mit meiner Sprachpartnerin ein **Schloss**. Alexander lernt **übrigens** auch eine neue Sprache: Italienisch."

"Wann seht ihr euch wieder?"

"Das weiß ich noch nicht. An diesem Wochenende muss er arbeiten und die ganze nächste Woche auch. Und ich muss ja auch viel für die Uni lernen. In einem Monat ist bei mir alles relaxter. Dann bin ich **fertig** mit den **Prüfungen**."

"Nächster Halt: Kaufbeuren Hauptbahnhof", kam eine **Durchsage**.

---

die Berge	mountains
wandern	to hike
besichtigen	to visit a place
das Schloss	castle
übrigens	by the way
fertig sein	to have finished, to be done
die Prüfung	exam
die Durchsage	announcement

"Oh, wir sind schon da. Komm, wir haben nur neun Minuten Umsteigezeit. Zum Glück ist der Bahnhof klein."

Der zweite Teil der Reise dauerte ungefähr 50 Minuten. Es waren viele Touristen im Zug und sie mussten stehen. In Füssen **stiegen** sie **aus** und gingen zur Bushaltestelle. Sie mussten zehn Minuten auf den Bus nach Neuschwanstein warten. Die Fahrt zum Schloss dauerte nur wenige Minuten.

Staunend schaute Carla auf das Schloss.

"Es ist wirklich **beeindruckend**. Und **genauso schön wie** auf den Bildern. Warst du schon oft hier?"

"Nein, nur zweimal. Einmal als Kind mit meinen Eltern und vor drei Jahren mit meinem Ex-Freund."

Die Führung **begann** pünktlich um 14:00 Uhr. Schloss Neuschwanstein **wurde** ab 1869 für den bayrischen König Ludwig II **erbaut**, aber er lebte dort nur wenige Monate. Ludwig II starb 1886, er **ertrank** im Starnberger See. Historiker denken heute, dass er **Suizid beging**.

---

der zweite Teil	the second part
aussteigen, sie stieg aus	to get off, she got off
staunend, erstaunt	astonished
beeindruckend	impressive
genauso schön wie	as beautiful as
beginnen, sie begann	to begin
es wurde erbaut	it was built
ertrinken, er ertrank	to drown
Suizid begehen, er beging Suizid	to commit suicide

"Lass uns ins Füssen etwas essen und einen **Stadtbummel** machen", **schlug** Susanne **vor.**

Auch in der Stadt waren viele Touristen, aber die beiden Frauen fanden einen freien Tisch in einem der Restaurants im Zentrum. Nach dem Essen machten sie einen Spaziergang durch die Altstadt und fotografierten viel.

Um fünf nach sechs **fuhr** ihr Zug nach München **ab.** Diesmal mussten sie nicht **umsteigen.** Der Zug fuhr direkt von Füssen nach München Hauptbahnhof. Die Fahrt dauerte zwei Stunden. Susanne und Carla waren müde und **schliefen** ein bisschen im Zug.

Um **kurz vor neun** waren sie wieder in Susannes Wohnung.

Carla meinte: "Das war ein sehr schöner Tag und ein sehr schöner **Abschluss** meines Besuches bei dir. Morgen ziehe ich in die WG. Aber ich hoffe, wir sehen uns oft."

"**Ganz sicher.** Ich will ja auch weiter **Portugiesisch üben**," **grinste** Susanne. "Brauchst du morgen Hilfe?"

---

der Stadtbummel	stroll through the town
vorschlagen, sie schlug vor	to suggest
abfahren, er fuhr ab	to depart
umsteigen	to change trains
schlafen, sie schlief	to sleep
kurz vor neun	a couple of minutes to nine
der Abschluss	end
ganz sicher	definitively, for sure
Portugiesisch üben	to practise Portuguese
grinsen	to grin

"Hm, vielleicht kannst du bis zum S-Bahnhof mitkommen? Henrik **holt** mich an der U-Bahn Josephsburg **ab**. Die Fahrt ist kein Problem, aber es nervt, alleine mit dem Gepäck durch die Straße zu laufen."

"Natürlich. Kein Problem. Wann willst du los?"

"Am späten Vormittag, so um 11:00 Uhr. Ist das okay?"

"Ja, das ist gut."

Susanne schaute auf die Uhr. "Halb zehn. Sollen wir noch ein oder zwei Stunden Netflix schauen und ein Glas Wein trinken oder willst du lieber schlafen?"

"Netflix und Wein klingt gut."

---

abholen, er holt ab　　　　　　　to pick up

EXERCISES

Comprehension Questions

1. Wer hat den Ausflug nach Neuschwanstein organisiert?
2. Wie kommen Carla und Susanne nach Neuschwanstein und wie lange dauert die Fahrt?
3. Fahren sie direkt von München nach Füssen?
4. Warum haben sie im zweiten Zug keinen Sitzplatz gefunden?
5. War Susanne zum ersten Mal in Neuschwanstein?
6. Wie lange lebte König Ludwig II in Neuschwanstein?
7. Was machen Susanne und Carla in Füssen?
8. Müssen sie auf der Rückfahrt umsteigen?
9. Was machen sie abends zu Hause?

Carlas Tagebuch (Vocabulary)

Complete with the correct noun.

Bus | Wein | König | Eintrittskarten | Mensch | Restaurant | Berg | Zug | Monate | Überraschung | Fahrt | See | Spaziergang | Hause

Susanne und ich waren heute in Neuschwanstein. Es war eine (1)_____ für mich. Susanne hat die (2)_____ gekauft und alles vorbereitet. Wir sind mit dem (3)_____ von München nach Füssen gefahren und konnten von dort mit dem

Graded Reader German A2

(4)_____ zum Schloss fahren. Die (5)_____ mit dem Bus hat nur wenige Minuten gedauert. Neuschwanstein liegt auf einem (6)_____. Das Schloss wurde von (7)_____ Ludwig II. erbaut, aber er hat dort nur wenige (8)_____ gelebt. Er ist im Starnberger (9)____ ertrunken. Die Historiker sagen, dass er Suizid begangen hat. Er war wohl kein glücklicher (10)_____. Nach der Schlossbesichtigung haben wir einen (11)_____ durch die Stadt Füssen gemacht und in einem (12)_____ gegessen. Danach sind wir nach München zurückgefahren. Wir sind um zehn Uhr abends zu (13)_____ angekommen und haben noch Netflix geschaut und (14)_____ getrunken.

Grammar (Past Tense)

Use the verbs in brackets in the past tense. All verbs are irregular and you read all of them in the text.

1. Carla und Susanne _____ (sitzen) im Zug.
2. Sie _____ in Füssen _____ (aussteigen).
3. Die Führung im Schloss Neuschwanstein _____ (beginnen) um 14 Uhr.
4. König Ludwig II _____ (ertrinken) 1886 im Starnberger See.
5. Wahrscheinlich _____ (begehen) er Suizid.
6. Nach der Führung _____ Susanne _____ (vorschlagen), einen Spaziergang durch Füssen zu machen.

JOBSUCHE IN MÜNCHEN

7. Susanne und Carla _____ (finden) fanden ein kleines Restaurant im Zentrum.

8. Um 18 Uhr _____ ihr Zug in Füssen _____ (abfahren).

9. Nach dem langen Tag _____ (schlafen) Carla und Susanne tief und fest.

6. Umzug in die WG

"Hast du alles?" fragte Susanne.

"Ja, **ich denke schon**."

"Ok, dann gib mir den kleinen Rucksack und deine Handtasche."

Sie gingen zur S-Bahn-**Haltestelle**.

"Du, ich fahre mit. Dann können wir **uns** noch ein bisschen **unterhalten**", meinte Susanne.

"Das ist super."

Sie fuhren zusammen zum Hauptbahnhof. Susanne **begleitete** Carla bis zur U-Bahn. In der U-Bahn **schrieb** Carla Henrik eine Nachricht: *Sitze in der U-Bahn. Bin in 15 Minuten da.*

Sie **stieg** an der Haltestelle Josephsburg **aus** und schaute sich um. Ah, da war Henrik. Der Norweger lächelte sie an.

"Schön, dass du da bist. Du hast wirklich nicht viele **Sachen**. Soll ich deinen **Koffer** nehmen?"

---

ich denke schon	I think so
die Haltestelle	stop (train, bus etc)
sich unterhalten	to have a conversation
begleiten	to accompany
schreiben, sie schrieb	to write, she wrote
aussteigen, sie stieg aus	to get off
die Sache	thing, object
der Koffer	suitcase

"Ja, **das wäre nett**. Danke."

Die beiden gingen zur WG. Henrik **trug** Carlas Koffer in den ersten Stock und stellte ihn vor der Zimmertür ab. Er holte einen Schlüssel aus seiner **Hosentasche**.

"Schau, hier ist der Zimmerschlüssel. Das hier ist der Schlüssel für die Haustür und dieser dritte Schlüssel ist für die Garage. Du hast sie vielleicht neben dem Haus gesehen. Jan hat ein Auto. Das ist manchmal sehr praktisch. Wir anderen haben nur unsere Fahrräder in der Garage. Du hast kein Fahrrad, oder?"

"Nein, leider nicht. Für dreieinhalb Monate **lohnt es sich** nicht. **Zum Glück** hat München ja einen sehr guten **öffentlichen Nahverkehr**."

"Das stimmt. Aber du könntest Marlas Fahrrad **benutzen**. Es steht auch in der Garage. Komm mal schnell mit."

"Moment." Carla **schloss** die Zimmertür **auf** und **stellte** ihre Sachen **hinein**. Dann liefen sie und Henrik nach unten zur Garage. Henrik zeigte ihr ein älteres, **hellblaues** Fahrrad.

---

das wäre nett	it would be nice
tragen, er trug	to carry
die Hosentasche	pant pocket
es lohnt sich	it's worth it
zum Glück	fortunately
öffentlicher Nahverkehr	public transport
benutzen	to use
aufschließen, sie schloss auf	to unlock
hineinstellen	to put inside
hellblau	lightblue

"Das **gehört** Marla. Sie hat **wahrscheinlich** den Schlüssel für das **Schloss** mitgenommen." Das Schloss hing am **Lenker**. Henrik **nahm** es. "Ah nein, es ist ein **Zahlenschloss**. Ich werde sie nach der Kombination fragen. Super, dann kannst du mit dem Fahrrad zum Supermarkt fahren und wir können ein paar **Ausflüge** machen."

"Welches ist dein Fahrrad?" fragte Carla.

Henrik zeigte auf ein **Rennrad in der anderen Ecke**.

Carla lachte. "Oje, mit dem Rad bist du **doppelt so schnell** wie ich."

"Kein Problem, ich kann auch **langsam** fahren."

"Sehr **beruhigend**."

"Hast du Lust, heute Abend etwas trinken zu gehen?"

---

gehören	to belong to (it is ...)
wahrscheinlich	probably
das Schloss	lock (auch: castle)
der Lenker	handlebar
das Zahlenschloss	combination lock
der Ausflug	excursion
das Rennrad	racing bike
in der anderen Ecke	in the other corner
doppelt so schnell	twice as fast
langsam	slow
beruhigend	reassuring, comforting

"Ja, gerne. Aber nicht so lange. Ich will morgen mit der Jobsuche anfangen. Und jetzt muss ich meine Sachen auspacken. Wann sollen wir uns treffen?"

"Um acht Uhr? Ich **hole** dich in deinem Zimmer **ab**." Henrik lachte.

"Alles klar. Bis später dann."

Carla ging in ihr Zimmer und setzte sich auf das Bett. Uff, so viel Neues in so kurzer Zeit. Vor einer Woche war sie noch in Portugal gewesen. Jetzt hatte sie ein WG-Zimmer in München und ein sehr netter Typ war **offensichtlich an ihr interessiert**. **Unglaublich**. Es **fehlte** nur der Job. Carla hatte **genug Geld** auf ihrem **Konto**, um die Miete bis Ende September zu bezahlen, aber sie wollte **unbedingt** in München arbeiten. Und auch kurz in Urlaub fahren. Nach Berlin oder Hamburg vielleicht.

Sie **stand auf**, öffnete den Koffer und packte ihre Sachen in den Kleiderschrank. Sie schaute aus dem Fenster. Die Straße war klein und ruhig. Sie wollte ein bisschen relaxen und legte sich auf das Bett. Nach kurzer Zeit **schlief** sie **ein**.

---

abholen	to pick up
offensichtlich	obviously
interessiert sein an	to be interested in
unglaublich	unbelievable
fehlen	to lack, to be missing
genug Geld	enough money
das Konto	bank account
unbedingt	at all costs
aufstehen, sie stand auf	to get up
einschlafen, sie schlief ein	to fall asleep

Als sie wieder aufwachte, war es schon kurz nach sechs. Sie ging ins Badezimmer und duschte kurz. Das war schön **erfrischend** und jetzt fühlte sie sich auch wieder ganz wach. Und freute sich auf den Abend mit Henrik.

Henrik klopfte pünktlich um acht Uhr an Carlas Zimmertür. Carla öffnete: "Norweger sind genauso pünktlich wie Deutsche, sehe ich."

"Ja, das stimmt wohl. Aber wir sind garantiert netter."

"Das werden wir sehen", lachte Carla. "Wohin gehen wir?"

"Es gibt zwei Straßen weiter ein kleines Restaurant mit Biergarten. Für den Sommer ist es ideal."

Henrik **hatte Recht**. Der Biergarten war sehr schön. Viel Grün. Musik, aber nicht zu laut. Man konnte sich gut unterhalten.

"Wie lange bist du schon in Deutschland? Dein Deutsch klingt perfekt."

"Danke, aber für mich ist Deutsch nicht so kompliziert. Ok, die Grammatik, aber viele Wörter sind auf Norwegisch und Deutsch **fast gleich**. Ich lebe seit fast vier Jahren in München und schreibe jetzt an meiner Bachelorarbeit. Im September bin ich fertig mit dem Studium."

---

erfrischend	refreshing
Recht haben	to be right
fast gleich	almost the same

"Ah, und willst du dann zurück nach Norwegen?"

"Nein, ich will noch einen Master machen. Aber nicht in München. Ich habe mich in Berlin, Leipzig, Hamburg und Stuttgart **um einen Studienplatz beworben**. Die Antworten kommen bis Mitte Juli."

"Und welche Stadt ist dein Favorit?"

"Berlin natürlich. Einmal im Leben muss man in Berlin gewohnt haben, finde ich. Woher kommst du eigentlich? Aus Lissabon?"

"Nein, aus Porto. Das liegt im Norden von Portugal. Warst du schon einmal in Portugal?"

"**Leider** nicht. Nur in Spanien und Italien. Ich komme aus Tromsö. Das liegt im Norden von Norwegen. Warst du schon mal in Norwegen?"

"Natürlich nicht. Für die meisten Portugiesen ist Norwegen viel zu teuer für einen Urlaub", lachte Carla. "Wie ist Tromsö?"

"Sehr schön im Sommer, aber von Ende November bis Mitte Januar ist **Polarnacht**. Kennst du das?"

---

sich um einen Studienplatz bewerben   to apply for a place at university
leider   unfortunately
die Polarnacht   polar night

"Nein."

"Es ist immer **dunkel**, 24 Stunden. Und von Mitte Mai bis Ende Juli ist **Mitternachtssonne**. Da ist es immer hell. 24 Stunden."

"Das ist verrückt."

"Stimmt. Du hast gesagt, du willst auch etwas mit **Umwelt** studieren. Ab Oktober?"

"Nein, ab nächstes Jahr, denke ich. Umwelt oder **Wirtschaft**. Oder eine Kombination mit Bachelor und Master."

"Wow, genau wie ich. Mein Bachelor ist **Umweltwissenschaften**. Der Master *Economics and Management Science* ist mein Favorit in Berlin."

"Das klingt interessant. Dieser Master ist auf Englisch?"

"Ja, genau. Ein Bachelor auf Deutsch und ein Master auf Englisch sind eine gute Kombination, finde ich."

"Das stimmt." Carla fand Henrik wirklich sehr sympathisch.

"Möchtest du noch etwas trinken?" fragte er.

---

dunkel	dark
die Mitternachtssonne	midnight sun
die Umwelt	environment
die Wirtschaft	economy
die Umweltwissenschaften	environmental sciences

Carla schaute auf die Uhr. Halb zehn. "Ja, warum nicht? Ein zweites Glas Wein ist okay."

Henrik **bestellte** noch ein Glas Wein für Carla und ein Bier für sich.

"Du bist kein Bier-Fan, oder?"

"Nein, ich trinke nur selten Bier. In Portugal trinken nur wenige Frauen Bier. Hier in Deutschland ist das anders. In Norwegen auch?"

"Ja, wir trinken alle Bier. Wein ist extrem teuer in Norwegen. Bier auch, aber alle Norweger lieben Alkohol. Im Sommer trinken wir Alkohol, weil die Tage so lang sind und im Winter trinken wir Alkohol, weil die Tage so kurz sind."

"Ok, verstehe. In Portugal trinken wir Wein, weil zu einem guten Essen Wein gehört."

"Verstehe. Die Portugiesen haben Kultur und die Norweger nicht."

"Das hast du gesagt", lachte Carla.

"Ja", Henrik sah Carla direkt in die Augen. "Ich mag portugiesische Kultur." Er **beugte sich zu** Carla und **küsste** sie.

---

bestellen	to order
sich beugen zu	to lean to
küssen	to kiss

Carla **erwiderte seinen Blick**. Dann sagte sie: "Ich glaube, du kennst gar keine portugiesische Kultur."

Henrik lachte. "Du hast recht. Aber ich kenne eine sehr charmante Portugiesin. **Das reicht**."

Sie **blieben** bis kurz vor **Mitternacht** im Biergarten. Auf dem **Rückweg legte** Henrik **den Arm um** Carla und **gab** ihr vor ihrem Zimmer noch einmal einen Kuss.

"Schlaf gut und viel Erfolg morgen bei der Jobsuche."

"Danke. Schlaf du auch gut."

Carla ging in ihr Zimmer, **zog sich um** und legte sich ins Bett.

"Das Leben ist schön", dachte sie und **schlief ein**.

---

einen Blick erwidern	to return a look
das reicht	that's enough
bleiben, sie blieb	to stay
der Rückweg	the way back
den Arm um jemanden legen	to put one's arm around someone
geben, er gab	to give, he gave
sich umziehen, sie zog sich um	to change clothes
einschlafen, sie schlief ein	to fall asleep

EXERCISES

Comprehension Questions

1. Wer holt Carla an der U-Bahn-Haltestelle ab?
2. Bekommt Carla in der WG ein Fahrrad?
3. Was macht Carla, nachdem sie ihre Sachen ausgepackt hat?
4. Was macht Carla nach dem Aufwachen?
5. Wohin gehen Carla und Henrik?
6. Seit wann lebt Henrik in München?
7. Wo möchte er seinen Master machen?
8. Wie ist Tromsö im Sommer und wie ist es im Winter?
9. Was möchte Carla studieren?

Carlas Tagebuch (Prepositions)

Complete with the correct preposition. Sometimes, you will need a contraction (prepostion + definite article, such as am, zum, ins)

Jetzt wohne ich (1)___ einer WG. Henrik hat mich (2)___ der U-Bahnhaltestelle abgeholt und mir alles erklärt. Ich kann sogar Marlas Fahrrad benutzen. Das ist sehr praktisch (3)___ Einkaufen und wir können auch Ausflüge (4)___ Wochenende machen. Allerdings hat Henrik ein Rennrad und Marlas Fahrrad ist ziemlich alt. Abends war ich (5)___ Henrik (6)___ einem Biergarten. Er hat mich geküsst, also sind wir jetzt wohl ein **Paar**. Henrik hat mir (7)___ Norwegen erzählt. (8)___ seiner Heimatstadt Tromsö ist es (9)___ Winter **wochenlang** total dunkel. Das kann ich mir gar nicht **vorstellen**. Und (10)___ Sommer wird es nie dunkel. Das kann ich mir auch nicht vorstellen. Henrik will noch mindestens zwei Jahre (11)___ Deutschland bleiben und einen Master studieren. Er hat sich (12)___ **verschiedenen** Universitäten beworben und will am liebsten (13)___ Berlin. Ich muss mich auch bald **entscheiden**, was ich machen will. Aber erst einmal will ich den Sommer (14)___ München **genießen**. Und einen Job finden.

das Paar	couple
wochenlang	for many weeks
verschieden	different
entscheiden	to decide
genießen	to enjoy

Grammar Exercises (Past Tense)

Use the verbs in brackets in the past tense. All verbs are irregular and you read all of them in the text.

1. Carla _____ (schreiben) viele Emails.
2. Susanne _____ (fahren) mit der S-Bahn und _____ am Hauptbahnhof _____ (ausssteigen).
3. Carla _____ (finden) Henrik sofort sympathisch.
4. Henrik _____ (tragen) Carlas Koffer von der U-Bahn-Haltestelle bis zur WG.

5. Carla und Henrik _____ (laufen) zu Fuß nach Hause.
6. Carla _____ um sechs Uhr ____ (aufstehen) und _____ sich _____ (umziehen).
7. Carla und Henrik _____ (bleiben) lange im Biergarten.
8. Henrik _____ (geben) Carla einen Kuss.
9. Carla _____ glücklich _____ (einschlafen).

7. Jobsuche

Am Montagmorgen **fuhr** Carla zum Hauptbahnhof. Sie wollte durch die Straßen laufen und nach Jobs fragen. An diversen **Geschäften hingen Zettel** mit "**Aushilfe gesucht**". Aber zuerst musste sie ihren **Lebenslauf ausdrucken**. Sie fand schnell einen Copyshop. Und am **Fenster** hing ein Zettel "Studentische Aushilfe gesucht." Carla ging hinein.

"Ich möchte etwas ausdrucken."

"Haben Sie einen USB-Stick?"

"Hier, bitte. Das Dokument "CV-Carla", 20mal, bitte."

Die **Angestellte** druckte Carlas Lebenslauf 20mal aus und **reichte** ihr die Blätter.

"Danke. Suchen Sie noch eine Aushilfe?" Carla zeigte auf den Zettel.

"Ja, die **Stelle** ist noch frei. Sind Sie Studentin?"

"Nein. Ist das ein Problem?"

---

fahren, sie fuhr	to go (by a vehicle)
das Geschäft	store
hängen, es hing	to hang
der Zettel	slip of paper
Aushilfe gesucht	temporary help needed
der Lebenslauf	CV
ausdrucken	to print out
das Fenster	window
die Angestellte	employee
reichen	to hand over
die Stelle	position, job

"Hm, ich weiß nicht. Der Chef will eine studentische Aushilfe. **Wegen Steuern**, glaube ich."

"Könnte ich trotzdem meinen Lebenslauf **hier lassen**?"

"Ja, natürlich."

Carla gab der Angestellten eines der **Blätter**.

"Vielen Dank und auf Wiedersehen."

"**Gern geschehen**."

Carla **verließ** den Copyshop und **lief** langsam Richtung Marienplatz. Den nächsten **Aushang** entdeckte sie an einem Café: "Aushilfe gesucht."

Sie ging hinein. Das Café war klein, nur acht Tische. Drei waren **besetzt** und eine junge Frau **bediente** die Gäste. Carla **sprach** sie **an**.

---

wegen Steuern	because of taxes
hier lassen	to leave here
das Blatt	page
gern geschehen	you're welcome
verlassen, sie verließ	to leave, she left
laufen, sie lief	to walk
der Aushang	notice
besetzt	occupied
bedienen	to serve
ansprechen, sie sprach an	to address

"Guten Tag. Sie suchen eine Aushilfe? Ist die Stelle noch frei?"

"Ich glaube ja. Moment. Ich **sage** der Chefin **Bescheid**."

Die junge Frau ging in die Küche und kam zwei Minuten später zurück.

"Gehen Sie in die Küche. Die Chefin hat **gerade** Zeit."

"Danke schön."

Carla ging in die Küche. Dort standen ein Mann um die 30 und eine Frau um die 50.

"Guten Tag. Mein Name ist Carla Santos. Ich interesse mich für die Stelle."

Die Frau **sah** sie skeptisch **an**. "Sie sind **Ausländerin**?"

"Ja, ich komme aus Portugal. Ich spreche nicht perfekt Deutsch, aber ich verstehe sehr gut und ich habe schon einmal in einem Café gearbeitet. Hier ist mein **Lebenslauf**."

Bescheid sagen	to let know, to tell
gerade	now, at the moment
ansehen, sie sah an	to look at
die Ausländerin	foreigner (female)
der Lebenslauf	CV

"Ich suche jemanden auf 450-Euro-Basis, 12 Stunden in der Woche. Immer vier Stunden am Sonntagnachmittag und flexibel **nach Absprache** an zwei weiteren Nachmittagen."

Carla **rechnete** kurz. Das war wenig Geld, weniger als der aktuelle Mindestlohn von € 9,50. **Egal**.

"Ja, das ist möglich", antwortete Carla.

"Und ich brauche eine Person, die **sofort** anfangen kann", **fügte** die Frau **hinzu**.

"Das ist auch **möglich**."

"**Das heißt**, Sie könnten diese Woche morgen, Freitag und Sonntag arbeiten?"

"Ja."

"Gut, dann kommen Sie bitte morgen um 13:00 Uhr, wir **machen die Papiere fertig** und Sie arbeiten von 14:00–18:00 Uhr. Melanie wird Sie **einarbeiten**. Ich **sage** ihr **Bescheid**."

---

nach Absprache	according to agreement
rechnen	to calculate
egal	doesn't matter
sofort	immediately
hinzufügen, sie fügte hinzu	to add
möglich	possible
das heißt	that means
die Papiere fertig machen	to get the documents ready
einarbeiten	to train, to instruct
Bescheid sagen	to inform, to let know

Die ältere Frau ging hinaus ins Café und kam wenige Minuten später zurück. "Alles klar. Bitte seien Sie pünktlich."

"Natürlich. Vielen Dank und bis morgen."

Carla **verließ** das Café. Sie hatte einen Job, aber sie war nicht sehr enthusiastisch. Es war kein sehr guter Job. "Egal, ich kann Deutsch mit den Gästen sprechen und ich **suche weiter**."

Sie **setzte ihren Weg fort**. Zwei weitere Cafés und ein Casino suchten Aushilfen, aber nur Studenten.

Auch beim **Modegeschäft** Zara hing ein **Aushang** im Fenster. Carla ging hinein und suchte die Kasse. Dort standen viele **Kunden**. Sie wollten bezahlen. Carla **zögerte**. Es war wohl besser, eine **Verkäuferin** im Laden zu suchen. Sie ging durch die **Abteilung** mit **Damenkleidung**. Dort stand eine Verkäuferin.

"Entschuldigung. Ich habe draußen gelesen, dass Zara Aushilfen suchen. Mit wem kann ich sprechen oder wo kann ich meinen Lebenslauf **abgeben**?"

---

verlassen, sie verließ	to leave
weitersuchen	to continue looking
den Weg fortsetzen	to continue walking
das Modegeschäft	fashion store
der Aushang	notice
der Kunde	customer
zögern	to hesitate
die Verkäuferin	shop-assistant (female)
die Abteilung	department
die Damenkleidung	clothes for women
abgeben	to hand, to deliver

"Gib mir einfach deinen Lebenslauf. Es meldet sich dann jemand. **Das war bei mir auch so.** Ich arbeite erst seit einem Monat hier. Am besten schreibst du **auf der Rückseite**, wann und und wie viele Stunden du arbeiten kannst."

"Ok. Wieviel bezahlen sie pro Stunde und wie viele Stunden pro Woche ist normal?"

"Ich **verdiene** €16 pro Stunde und arbeite 19 Stunden pro Woche. Als Studentin. Nicht so super, aber die Arbeit ist nicht stressig. Die meisten hier arbeiten **Teilzeit**, maximal 20 Stunden pro Woche."

"Verstehe." Carla **nahm** ihren Lebenslauf und schrieb auf die Rückseite: 12 Stunden pro Woche, Tage und Zeiten flexibel. Sie gab der Verkäuferin das Blatt. "Danke für die Hilfe."

"**Gern geschehen.** Vielleicht sehen wir uns bald als Kolleginnen."

"Ja, vielleicht. Tschüß."

Das war bei mir auch so.	That was the same for me.
auf der Rückseite	on the back
verdienen	to earn
die Teilzeit	part-time
nehmen, sie nahm	to take
gern geschehen	you're welcome

Carla **verließ** den Laden und **lief weiter**. **Irgendwann** stand sie vor dem Eingang zur Residenz. Die Residenz war früher das **Stadtschloss** von München. Dort haben die **bayrischen** Könige gewohnt. Heute ist es ein großes Museum und hat auch einen **wunderschönen** Garten. **Jeder** konnte im Garten spazieren gehen. Es war **kostenlos**. Eine Pause war eine gute Idee. Carla **betrat** die Residenz und lief in den Hofgarten. Es gab viele Blumen, Bäume und kleine Tempel. Carlas Spaziergang dauerte 20 Minuten. Dann stand sie vor dem Museumsshop. Sie wollte nichts kaufen, aber sie **ging hinein** und schaute sich um.

An der Kasse hing ein Schild: "Aushilfe gesucht."

Carla sprach die Frau an der Kasse an.

"Guten Tag. Sie suchen eine Aushilfe für den Laden hier?"

"Ja, das ist richtig. Haben Sie Interesse?"

"Ja, ich suche einen Job."

---

verlassen, sie verließ	to leave
weiterlaufen, sie lief weiter	to continue walking
irgendwann	eventually, sometime
das Stadtschloss	city castle
bayrisch	Bavarian
wunderschön	gorgeous, beautiful
jeder	everyone
kostenlos	free
betreten, sie betrat	to enter
hineingehen, sie ging hinein	to go inside

"Einen Moment, ich rufe Frau Bergmann an. Sie **ist** für das Personal **zuständig**. Vielleicht hat sie **gerade** Zeit."

Die Verkäuferin sprach kurz am Telefon.

"Sie **haben Glück**. Frau Bergmann hat gerade Zeit. Gehen Sie dort links die Treppe hoch in den ersten Stock. Zweite Tür rechts, Zimmer Nr. 102."

"Danke schön."

Carla ging die Treppe hoch und klopfte an Zimmer Nr. 102.

"Herein."

Carla öffnete die Tür und **betrat** das Zimmer.

"Guten Tag, mein Namen ist Carla Santos und ich interessiere mich für die Stelle als Aushilfe im Museumsshop."

"Guten Tag, Frau Santos. Bitte setzen Sie sich. Haben Sie schon einmal in einem **Laden** oder in einem Museum gearbeitet?"

"Leider nein, aber ich liebe Museen und ich lerne schnell."

---

zuständig sein	to be responsible
gerade	now, at this moment
Glück haben	to be lucky
betreten, sie betrat	to enter
der Laden	store

"Verstehe. Wir suchen momentan eine **Wochenendaushilfe** für **jedes zweite Wochenende**. Für samstags von 9–18 Uhr mit einer Stunde Mittagspause und sonntags von 9–13 Uhr oder von 14-18 Uhr. Der **Stundenlohn** beträgt € 16. Am Sonntag **erhalten** Sie 25% mehr, also € 20 pro Stunde."

"Samstag ist kein Problem für mich und am Sonntag kann ich **vormittags** arbeiten", meinte Carla.

Frau Bergmann **machte sich Notizen**.

"Haben Sie Ihre Kontaktinformationen dabei?"

"Hier ist mein Lebenslauf mit Telefonnummer und Emailadresse."

"Vielen Dank. Ich rufe sie **im Laufe dieser Woche** an."

"Danke schön und auf Wiedersehen."

Carla **verließ** das Büro von Frau Bergmann, machte noch einen Spaziergang durch den Hofgarten und fuhr dann nach Hause.

---

die Wochenendaushilfe	temporary help for the weekend
jedes zweite Wochenende	every second weekend
der Stundenlohn	hourly wage
erhalten	to get
vormittags	in the morning
sich Notizen machen	to take notes
im Laufe dieser Woche	in the course of this week
verlassen, sie verließ	to leave, she left

JOBSUCHE IN MÜNCHEN

Sie **klopfte** an Henriks Zimmer.

"Hallo, meine hübsche Portugiesin. Wie war die Jobsuche?" Henrik begrüsste sie mit einem Kuss. "Sollen wir in den Garten gehen und du **erzählst** mir alles?"

"Ja, gerne."

Sie holen sich **Saft** aus der Küche und setzen sich im Garten an den Tisch.

"Also, ich habe ab morgen einen Job in einem Café in der Nähe vom Hauptbahnhof. Das sind 12 Stunden pro Woche und ich verdiene € 450 pro Monat. Ich **habe kein sehr gutes Gefühl**, aber ich habe morgen meinen ersten Tag."

"Warum hast du kein gutes Gefühl?"

"Intuition. Ich weiß nicht. Ich kann es nicht **erklären**. Vielleicht ist es ein falsches Gefühl."

"Okay, das wirst du sehen. Erst einmal **herzlichen Glückwunsch** zum ersten Job in Deutschland. Was hast du noch gemacht?"

---

klopfen	to knock
erzählen	to tell
der Saft	juice
kein sehr gutes Gefühl haben	not to have a very good feeling
erklären	to explain
herzlichen Glückwunsch	congratulations

"Ich habe meinen Lebenslauf in einem Copyshop, bei Zara und im Museumsshop in der Residenz abgegeben."

"In der Residenz? Wow, das klingt gut."

"Ja, dort möchte ich sehr gerne arbeiten. Sie bezahlen auch am besten. Aber es sind nur zwei Wochenenden im Monat. Sie melden sich bis Ende dieser Woche. Was mache ich, wenn Zara oder der Copyshop sich früher melden?"

"Wie viele Stunden in der Woche willst du denn arbeiten?"

"Vielleicht 30–35."

"Das ist fast **Vollzeit**. Es ist stressig, wenn du zwei oder drei Jobs hast, aber auch interessant. Du kannst viele **Erfahrungen sammeln**. Wie ist deine Präferenz bei allen vier Jobs?"

"Nun, auf Platz 1 der Museumsshop. Dann der Copyshop, glaube ich, aber ich weiß nicht, wieviel sie bezahlen. Auf Platz 3 Zara und auf Platz 4 das Café."

"Ok, warte. Ich denke, es wird kein Problem. Morgen fängst du im Café an und am Ende der Woche hast du ein oder zwei weitere Jobs. Wann arbeitest du morgen?"

"Von 13:00–18:00 Uhr."

Vollzeit arbeiten   to work fulltime
die Erfahrung   experience
sammeln   to collect

"**Viel Spaß**. Ich habe morgen den ganzen Tag keine Zeit und **leider** muss ich jetzt auch auch etwas für die Uni machen. Sehen wir uns am Mittwoch?"

"Ja, gerne."

Henrik ging wieder ins Haus und Carla blieb noch **eine Weile** im Garten sitzen. **Schade**, dass sie nicht 20 Stunden pro Woche in der Residenz arbeiten konnte. Es war so schön dort.

Viel Spaß	Have fun, Enjoy
leider	unfortunately
eine Weile	a while
schade	what a pity

EXERCISES

Comprehension Questions

1. Warum fährt Carla am Montagmorgen zum Hauptbahnhof?
2. Warum geht sie in einen Copyshop?
3. Warum gefällt Carla der Job im Café nicht so gut?
4. Wann ist Carlas erster Arbeitstag im Café?
5. Wie viele Stunden möchte Carla bei Zara arbeiten?
6. Was ist die Residenz?
7. Muss man für den Garten der Residenz Eintritt bezahlen?
8. Für welche Wochentage sucht der Museumsshop eine Aushilfe?

Carlas Tagebuch (Vocabulary)

Complete with the correct noun.

Wochenende | Aushilfe | Bezahlung | Residenz | Zentrum | Studentin | Bescheid | Personalabteilung | Chefin | Gefühl | Lebenslauf | Modegeschäft | Spaziergang

Heute habe ich im (1)_____ Jobs gesucht. Zuerst habe ich in einem Copyshop meinen (2)_____ ausdrucken lassen. Einen Lebenslauf habe ich gleich dort gelassen, weil sie eine (3)_____ suchen. Allerdings möchten sie eine (4)_____ haben, und das bin ich leider noch nicht.

Als nächstes habe ich einen Aushang in einem Café gesehen und konnte mit der (5)_____ sprechen. Ich habe den Job, aber die (6)_____ ist nicht so gut und ich habe kein so gutes (7)_____ Aber ich kann dort Deutsch sprechen und das ist wichtig. Im (8)_____ Zara habe ich meinen Lebenslauf auch abgegeben. Zum Schluss war ich noch in der (9)_____. Dort wollte ich **mich** nur **ausruhen** und einen (10)_____ durch den Garten machen, aber dann habe ich im Museumsshop gesehen, dass sie eine Aushilfe suchen. Ich konnte mit der Frau von der (11)_____ sprechen und sie sagt mir Ende der Woche (12)_____. Es ist nur ein kleiner Job, jedes zweite (13)_____, aber ich würde wirklich gerne in der Residenz arbeiten.

sich ausruhen   to rest

Grammar Exercises (Past Tense)

Use the verbs in brackets in the past tense. All verbs are irregular and you read all of them in the text.

1. Carla _____ (finden) schnell einen Job in München.
2. Im Zentrum _____ (hängen) viele Aushänge an den Schaufenstern.
3. Carla _____ (fahren) nach der Jobsuche nach Hause und _____ (sprechen) mit Henrik.

4. Die Menschen _____ (gehen) durch die Straßen und _____ sich die Angebote in den **Schaufenstern** ____ (ansehen).

5. Carla _____ (betreten) das Modegeschäft und _____ eine Verkäuferin ____ (ansprechen.

6. Henrik _____ (verlassen) die Bibliothek um 14 Uhr.

7. Susanne _____ (kommen) immer spät nach Hause, weil sie viel lernen musste.

8. Im Garten der Residenz _____ (stehen) viele Bäume.

9. Im Museumsshop _____ (geben) es viele interessante Dinge.

10. Carla _____ (laufen) gerne durch die Straßen von München.

das Schaufenster display window

8. Besuch aus Norwegen

Am nächsten Tag war Carla pünktlich um 13 Uhr im Café. Ihr erster Arbeitstag in Deutschland. Die Arbeit war nicht kompliziert. Nach zwei Stunden konnte Carla schon alleine arbeiten. Ihre Kollegin Melanie ging nach Hause. Viele Gäste **blieben nur kurz** und **tranken** einen Kaffee. Zwei Studenten kamen mit ihren Laptops und auch eine Frau **um die 40** arbeitete fast zwei Stunden am Laptop im Café. Alle Gäste gaben Carla **Trinkgeld**. Manchmal nur 30 oder 40 Cent, aber um 18 Uhr hatte Carla **insgesamt** € 21,20 Trinkgeld bekommen. Das war nicht schlecht für vier Stunden.

"Ich werde Henrik auf ein Bier **einladen**", **dachte** Carla.

Sie fuhr mit der U-Bahn nach Hause und **zog sich um**. Dann ging sie zu Henriks Zimmer. Sie wollte klopfen, aber sie hörte eine Frau sprechen. Kein Deutsch. Carla ging ins Wohnzimmer. Dort **saß** Jan und **las**.

Carla **schrieb** Henrik eine WhatsApp-Nachricht: *Hast du Lust, in den Biergarten zu gehen?*

Henrik antwortete nicht und er las auch die Nachricht nicht.

---

nur kurz bleiben, sie blieben nur kurz	to stay only for a short time
trinken, sie trank	to drink, she drank
um die 40	around 40 years old
das Trinkgeld	tip
insgesamt	altogether
einladen	to invite
denken, sie dachte	to think, she thought
sich umziehen, sie zog sich um	to change clothes
sitzen, er saß	to sit, he sat
lesen, er las	to read, he read
schreiben, sie schrieb	to write

JOBSUCHE IN MÜNCHEN

Carla fragte Jan: "Henrik **hat Besuch**, nicht wahr? Weißt du, wer es ist? Ich will ihn etwas fragen, aber ich möchte nicht **stören**."

Bis jetzt **wusste** nur Isabel, dass Carla und Henrik ein Paar waren.

Jan **sah** von seinem Buch **auf**. "Ich glaube, das ist seine Freundin aus Norwegen", meinte er.

"Seine Freundin aus Norwegen?" **wiederholte** Carla perplex.

"Ja, ich glaube."

Carla **stand auf** und ging auf den Balkon. Sie sah Henrik im Garten. Mit einem blonden Mädchen. Jetzt **nahm er sie in den Arm**. Das **konnte** doch **nicht wahr sein**.

Hatten Henrik und die Norwegerin **sich getrennt** und wollte sie jetzt wieder mit ihm zusammen sein? Henrik **strich** dem Mädchen **über den Kopf**. **Offensichtlich** weinte sie.

Besuch haben	to have a visitor
stören	to disturb
wissen, sie wusste	to know, she knew
aufsehen, er sah auf	to look up
wiederholen	to repeat
aufstehen, sie stand auf	to get up
jemanden in den Arm nehmen	to hug someone
das konnte nicht wahr sein	that couldn't be true
sich trennen	to separate
über den Kopf streichen	to stroke the head
offensichtlich	obviously
weinen	to cry

Jetzt nahm er sie wieder in den Arm. Carla **atmete** einmal **tief ein** und ging dann zurück ins Haus und auf ihr Zimmer. Sie setzte sich auf ihr Bett. Sie wollte auch weinen, aber sie tat es nicht.

Sie öffnete ihren Laptop und schaute in ihr Email-Postfach. Eine Mail von Zara:

Sehr geehrte Frau Santos,

*vielen Dank für Ihre **Bewerbung**. Wir würden Sie gerne persönlich kennenlernen. Könnten Sie morgen um 11:00 Uhr zu einem kurzen **Vorstellungsgespräch** in unsere **Filiale** Neuhauser Straße kommen und sich bei Frau Martina Bergmann melden?*

Mit freundlichem Gruß,
Kirsten Schmitt

Ok, Arbeit war wichtiger als dumme Norweger. Carla schrieb schnell zurück:

Sehr geehrte Frau Schmitt

*Vielen Dank für Ihre Email und die **Einladung** zu einem Vorstellungsgespräch. Ich werde morgen pünktlich um 11:00 Uhr in der Neuhauser Straße sein.*

---

tief einatmen	to take a deep breath
die Bewerbung	application
das Vorstellungsgespräch	job interview
die Filiale	branch
die Einladung	invitation

Mit freundlichem Gruß,
Carla Santos

Carla **schaltete** ihr Handy **aus** und ging früh schlafen.

Am nächsten Morgen **schaltete** sie ihr Handy wieder **ein**. Es gab keine Nachricht von Henrik. Er war **seit gestern Nachmittag** nicht online gewesen auf WhatsApp.

Carla ging in die Küche und machte sich einen Kaffee und Toast. Auf dem Rückweg blieb sie kurz vor Henriks Zimmer stehen, aber es war **leise**. Auch die anderen schliefen noch. Es war 8 Uhr.

Carla blieb bis 10 Uhr auf ihrem Zimmer und las. Dann machte sie sich auf den Weg zu Zara und Frau Bergmann.

"Guten Morgen, Frau Santos. Kommen Sie herein und setzen Sie sich."

"Danke, Frau Bergmann."

"Möchten Sie ein Glas Wasser?"

"Ja, bitte."

---

ausschalten	to switch off
einschalten	to switch on
seit gestern Nachmittag	since yesterday afternoon
leise	quiet

Frau Bergmann holte ein Glas aus einem Schrank und **schenkte** Carla **Wasser ein.**

"Ich habe Ihren Lebenslauf gelesen. Sie kommen aus Portugal und sind noch nicht lange in Deutschland, richtig?"

"Ja, das stimmt."

"Und Sie möchten gerne 12 Stunden pro Woche arbeiten und sind flexibel mit den Zeiten?"

"Ja, genau."

"Ab wann könnten Sie anfangen?"

Carla dachte an **die Stelle** in der Residenz.

"In einer Woche, also ab nächste Woche Mittwoch. **Darf ich fragen,** wie der Stundenlohn ist?"

Frau Bergmann schaute auf ihren Computer.

"Sie haben keine **Erfahrung,** also fangen Sie mit einem **Stundenlohn** von €12 an. Nach sechs Monaten bekommen Sie €14 und nach einem Jahr €16."

Wasser einschenken	to pour water
die Stelle	position, job
darf ich fragen?	may I ask?
die Erfahrung	experience
der Stundenlohn	hourly wage

Das war wenig und Carla wollte auch nicht sagen, dass sie nur bis Ende September in Deutschland bleiben wollte.

"Haben Sie noch **weitere Fragen**?"

"Nein", meinte Carla.

"Gut, ich habe alles notiert und wir geben Ihnen nächste Woche Bescheid."

"Vielen Dank." Carla **stand auf** und **verabschiedete sich**.

Draußen schaute sie auf ihr Handy. Immer noch nichts von Henrik. "Idiot", murmelte sie. Sie lief eine halbe Stunde durch die Straßen und trank dann einen Cappuccino in einem Café. Sie **hatte** keine **Lust**, nach Hause zu fahren.

Plötzlich summte ihr Handy. Carla schaute auf das Display. Ein **Anruf** von Henrik. Sie **zögerte, nahm den Anruf** aber dann **an**.

---

weitere Fragen	further questions
aufstehen, sie stand auf	to get up
sich verabschieden	to say goodbye
draußen	outside
Lust haben	to be in the mood for
plötzlich	suddenly
summen	to buzz
der Anruf	call (phone)
zögern	to hesitate
einen Anruf annehmen	to take a call

"**Hallo, Hübsche.** Wo bist du?"

"Im Zentrum. Ich hatte ein **Vorstellungsgespräch** bei Zara."

"Ah perfekt. Können wir **uns** in einer Stunde am Hauptbahnhof **treffen**? Bei mir ist Chaos. Ich muss mit dir reden."

Chaos. Aha.

"Carla. Hörst du mich? Kannst du in einer Stunde am Hauptbahnhof sein? Bei MacDonalds?"

MacDonalds? Sehr romantisch.

"Ja, okay. Ich werde in einer Stunde dort sein."

Eine Stunde später betrat Carla das MacDonalds-Restaurant im Münchner Hauptbahnhof. Sie schaute sich um und sah Henrik an einem Tisch sitzen. Mit der blonden Norwegerin.

Sie ging auf die beiden zu. Henrik stand auf und begrüßte Carla mit einem Kuss.

"Das ist Sofie, meine kleine Schwester. Sie ist erst sechzehn und hatte Stress mit ihrem Freund und mit unseren Eltern und ist mit dem Zug von Tromsö nach München gefahren. **Total verrückt**. Sie

---

hallo Hübsche	hello beautiful
das Vorstellungsgespräch	job interview
sich treffen	to meet
total verrückt	totally crazy

spricht kein Deutsch. Ich habe Flugtickets gekauft und wir fliegen in drei Stunden erst nach Oslo und dann nach Tromsö."

Carla konnte es nicht glauben. Seine Schwester. Jan, dieser Idiot.

"Hallo, Sofie. Ich bin Carla", meinte Carla auf Englisch.

"Hi Carla. Henrik hat von dir erzählt. Fliegst du auch nach Norwegen? Ich will lieber hier in München bleiben."

Henrik **unterbrach** sie. "In zwei Jahren ist das deine Entscheidung. Jetzt leider nicht. Wir haben das diskutiert."

"Ja, ich weiß. Du **bringst** mich **nach Hause**, ich gehe noch zwei Jahre zur Schule und dann weg aus Norwegen."

Henrik **sah** Carla **an.** "**Hättest du Lust**, für vier Tage nach Norwegen zu fliegen? Bei meinen Eltern **ist Platz**."

"Lust ja, aber ich habe den neuen Job im Café und vielleicht einen zweiten Job bei Zara und ich warte auf Antwort von der Residenz."

"Klar, verstehe. Schade."

---

unterbrechen, sie unterbrach	to interrupt
nach Hause bringen	to take home
hättest du Lust?	would you like?
Es ist Platz	there is space

"Wann kommst du denn zurück? "

"Am Dienstag. Am Mittwoch habe ich **eine wichtige Prüfung** an der Uni."

"Ok, dann gute Reise und bis nächste Woche." Carla schaute ein bisschen **traurig**.

Henrik **nahm sie in den Arm.**

"Es sind nur ein paar Tage. Ich werde dich **vermissen**, aber wir telefonieren, ok?"

"Ja, klar."

Alle drei verließen MacDonalds. Henrik und Sophie nahmen die S-Bahn zum Flughafen und Carla fuhr mit der U-Bahn zurück zur WG.

---

eine wichtige Prüfung　　　an important exam
traurig　　　sad
in den Arm nehmen　　　to hug
vermissen　　　to miss

EXERCISES

Comprehension Questions

1. Wie viele Stunden arbeitet Carla im Café?
2. Wie reagiert Henrik auf Carlas WhatsApp-Nachricht?
3. Was sagt Jan, wer besucht Henrik?
4. Wann hat Carla ein Vorstellungsgespräch bei Zara?
5. Hat Carla am nächsten Morgen eine WhatsApp-Nachricht von Henrik?
6. Bekommt Carla den Job bei Zara?
7. Wo möchte Henrik Carla treffen?
8. Wer ist die junge Norwegerin?
9. Wie lange bleibt Henrik in Norwegen?

Carlas Tagebuch (Present Perfect)

Complete with the present perfect

Gestern war ein schrecklicher Tag. Henrik hatte Besuch aus Norwegen und Jan meinte, das Mädchen wäre Henriks Freundin. Ich (1a)_____ die beiden dann im Garten (1b)_____ (sehen). Henrik (2a)_____ sie (2b)_____ (umarmen) und er (3a)_____ nicht auf meine Nachrichten (3b)_____ (reagieren). Heute morgen hatte ich ein Vorstellungsgespräch bei

Zara. Henrik (4a)____ nicht (4b)_____ (schreiben). Aber plötzlich (5a)____ er (5b)_____ (anrufen). Er (6a)____ mich (6b)_____ (fragen), ob ich zum Hauptbahnhof kommen könnte. Ich war ja noch im Zentrum und (7a)____ zum Hauptbahnhof (7b)_____ (laufen). Dort (8a)____ er mit der Norwegerin bei MacDonalds (8b)_____ (sitzen). Er (9a)_____ mir (9b)_____ (sagen), dass sie seine Schwester ist. Sie hatte Stress mit ihrem Freund und mit ihren Eltern und (10a)_____ alleine mit dem Zug bis nach München (10b))_____ (fahren). Nun bringt Henrik sie zurück nach Norwegen und ich bin so glücklich, dass sie seine Schwester und nicht seine Freundin oder Ex-Freundin ist.

Grammar Exercises (Past Tense)

Use the verbs in brackets in the past tense. All verbs are irregular and you read all of them in the text.

1. Susanne _____ (bleiben) gestern zu Hause und _____ (trinken) Wein.
2. Henrik _____ (betreten) das Wohnzimmer und _____ (geben) Jan ein Buch.
3. Carla _____ (fahren) nach Hause und _____ sich ___ (umziehen).
4. Isabel _____ ____ (aufstehen) und _____ (verlassen) das Zimmer.

JOBSUCHE IN MÜNCHEN

5. Henrik _____ (denken), dass seine Schwester verrückt war.

6. Carla _____ (wissen) nichts über Henriks Schwester.

7. Jan _____ von seinem Buch _____ (aufsehen) und _____ (unterbrechen) das Gespräch von Henrik und seiner Schwester.

8. Susanne und Carla _____ (sehen) den Kuchen und _____ (nehmen) sich ein Stück.

9. Carla _____ (schreiben) Henrik eine WhatsApp-Nachricht.

10. Isabel _____ (sitzen) im Garten und _____ (lesen) einen Artikel über Genetik.

9. Ein chaotischer Samstag

Samstagmorgen. Carla war ein bisschen traurig. Kein **Anruf** aus der Residenz gestern. Also würde sie wohl doch bei Zara arbeiten. Und Henrik war in Norwegen. Aber heute Nachmittag hatte sie eine **Verabredung** mit Susanne. Sie wollten in den Englischen Garten gehen und später vielleicht ins Kino.

Carla ging in die Küche. Mary war dort.

"Hi, wie geht es dir?" fragte Carla sie.

"Danke, gut. Und dir?"

"Auch gut."

Schweigend machten beide Frauen ihr Frühstück.

Plötzlich **gab es** einen lauten **Knall.**

"Was war das?" rief Mary und lief zum Fenster.

"Ach du scheiße!"

Carla folgte ihr. "Was ist passiert?"

---

der Anruf	call (phone)
die Verabredung	private appointment
schweigend	in silence
es gibt, es gab	there is, there was
der Knall	loud noise
ach du scheiße	oh shit

Auf der Straße waren ein Autofahrer und ein Fahrradfahrer **zusammengestoßen**. Zwei **Nachbarn** waren schon auf der Straße. Einer telefonierte.

"Scheiße, das ist Jan", meinte Mary.

Tatsächlich, Jan war der Fahrradfahrer. Er saß auf der Straße und **hielt** sich das Bein.

Mary **zog** Carla am Arm. "Komm mit." Sie liefen auf die Straße. **Im gleichen Moment** kam ein **Krankenwagen**. Ein **Notarzt** und ein **Sanitäter** liefen zu Jan. Mary und Carla **näherten sich.**

"Es ist nur das Bein, **nicht so schlimm**", sagte Jan gerade zu dem Notarzt.

"Können Sie aufstehen?"

Jan **versuchte** aufzustehen. "Autsch, scheiße, nein."

---

zusammenstoßen	to collide
der Nachbar	neighbour
tatsächlich	indeed
halten, er hielt	to hold, he held
ziehen, sie zog	to pull
im gleichen Moment	at the same moment
der Krankenwagen	ambulance
der Notarzt	emergency doctor
der Sanitäter	paramedic
sich nähern	to approach
nicht so schlimm	not so bad
versuchen	to try

Sie holen eine **Trage** und **halfen** Jan, sich hinzulegen. Mary ging zu ihm. "Ruf an und sag, in welchem Krankenhaus du bist. Wir kommen dich besuchen."

"Ja, klar." Jan grinste, aber man **sah**, dass er **Schmerzen** hatte. "Bitte bring mein Fahrrad in die Garage."

"Mache ich."

Der Krankenwagen **fuhr ab**. Mary und Carla gingen zu Jans Fahrrad. Es brauchte wohl eine Reparatur, aber es war nicht total **kaputt**. Mary brachte das Fahrrad in die Garage.

Plötzlich klingelte Carlas Handy. Sie schaute auf das Display. Ihre Chefin aus dem Café.

"Ja, hallo?"

"Carla, könntest du heute arbeiten? Melanie ist krank und kann nicht kommen."

Carla **zögerte** und dachte an ihre Verabredung mit Susanne.

---

die Trage	stretcher
helfen, er half	to help
sehen, er sah	to see, he saw
die Schmerzen	pain
abfahren, er fuhr ab	to depart
kaputt	broken
zögern	to hesitate

"Wann denn?" fragte sie dann.

"Könntest du sofort kommen? So bis 17:00 Uhr?"

Carla schaute auf ihre Uhr. Es war 10:30 Uhr.

"Ja, okay. Dann bin ich so um 11:00 Uhr da."

"Vielen Dank. Bis gleich."

"**Was ist los?**" fragte Mary.

"Ich muss arbeiten. Im Café ist jemand krank."

"Oh, dann hast du keine Zeit, Jan später im Krankenhaus zu besuchen?"

"Nein, **leider nicht**. Tut mir leid."

"Kein Problem. **Viel Spaß** bei der Arbeit. Ich fahre jetzt erstmal einkaufen. Hoffentlich ohne **Unfall**."

Carla hatte nicht geplant, Jan im Krankenhaus zu besuchen. Der Typ war okay, aber sie **kannte** ihn erst **seit einigen Tagen** und der Unfall

---

Was ist los?	What's wrong?
leider nicht	unfortunately not
Viel Spaß	Have fun, Enjoy
der Unfall	accident
kennen, sie kannte	to know, she knew
seit einigen Tagen	for a couple of days

war nicht so dramatisch gewesen. Aber sie musste Susanne informieren. Die Verabredung mit Susanne war um 15:00 Uhr.

Carla telefonierte auf dem Weg zum Café mit Susanne und **erklärte** die Situation.

"Natürlich, kein Problem. Dann hole ich dich um 17:00 Uhr bei der Arbeit ab und wir schauen, was wir machen."

Die Mittagszeit im Café war hektisch. Um 14:00 Uhr **taten** Carla die Füße **weh**, weil sie soviel gelaufen war. Sie ging kurz auf die Toilette und kontrollierte die **Benachrichtigungen** auf ihrem Handy. **Ein verpasster Anruf** von 13:20 Uhr und eine **Nachricht** auf ihrer Mailbox. Carla hörte die Nachricht.

"Hallo Frau Santos. Hier ist Anna Bergmann von der Residenz München. Könnten Sie mich bitte bis 15:30 Uhr zurückrufen?"

Schnell rief Carla an.

"Hallo Frau Santos. Wie schön, dass Sie sich melden. Es ist ein bisschen **kurzfristig** und es ist Samstag, aber könnten Sie gegen 17:00 Uhr zu mir ins Büro kommen?"

---

erklären	to explain
wehtun, es tat weh	to hurt, it hurt
die Benachrichtigung	notification
der Unfall	accident
ein verpasster Anruf	a missed call
die Nachricht	message
kurzfristig	at short notice

"Scheiße", **dachte** Carla, sagte aber: "Ich kann so um 17:15 Uhr da sein. Geht das?"

"Ja, das ist okay. Dann sehen wir uns später. Vielen Dank und auf Wiederhören."

Carla **rief** Susanne **an.**

"Du, die Residenz hat angerufen. Ich soll um 17:15 Uhr dort sein. Können wir uns um 18:00 Uhr treffen?"

Susanne lachte. "Ja, gut, dann komme ich um 18:00 Uhr zur Residenz und warte vor dem **Eingang** auf dich."

"Danke und sorry. Heute ist ein chaotischer Tag. Ich erzähle dir später alles."

Carla ging zurück ins Café. Ihre Chefin brachte einem Gast gerade eine Tasse Kaffee und schaute sie **böse** an.

"Wo warst du solange?" fragte sie, als sie beide in der Küche waren. "Ein Gast wollte schon wieder gehen. So kannst du nicht arbeiten, das ist nicht akzeptabel. Wenn du eine Pause brauchst, dann frag. Du warst **eine Viertelstunde** weg. Diese Zeit **bezahle** ich dir nicht."

---

denken, sie dachte   to think, she thought
anrufen, sie rief an   to call (phone)
der Eingang   entrance
böse   angry
die Viertelstunde   quarter of an hour
bezahlen   to pay

"Entschuldigung", **murmelte** Carla. "Ich war auf der Toilette und **mir war etwas schlecht**. Ich **habe** nicht **gemerkt**, dass es fünfzehn Minuten waren."

Ihre Chefin antwortete nicht.

Um 17:00 Uhr beendete Carla ihren Arbeitstag im Café und lief schnell zur Residenz. **Außer Atem klopfte** sie um Viertel nach fünf an Frau Bergmanns Tür.

Frau Bergmann öffnete und **lächelte** sie **an**. "Kommen Sie herein und setzen Sie sich."

Carla setzte sich.

"Vielen Dank, dass Sie so schnell kommen konnten. Ich hatte bei unserem **Gespräch** einen sehr guten **Eindruck** von Ihnen. Ich hatte Ihnen gesagt, dass wir eine **Aushilfe** für das Wochenende suchen."

"Ja, genau."

---

murmeln	to mumble
mir war schlecht	I felt nauseous
merken	to notice
außer Atem	out of breath
klopfen	to knock
anlächeln	to smile at
das Gespräch	conversation
der Eindruck	impression
die Aushilfe	temporary help

"Die Situation ist jetzt so: Eine **Mitarbeiterin** braucht aus privaten Gründen bis Ende August **unbezahlten Urlaub**. Sie hat eine **halbe Stelle** im Museum und arbeitet von Montag bis Freitag von 9:00–13:00 Uhr. Könnten Sie diese 20 Stunden arbeiten plus jedes zweite Wochenende am Samstag und Sonntagvormittag?"

Carla **überlegte** kurz. Hier in der Residenz 32 Stunden und im Café 12 Stunden. Das war viel. Aber es war nur für zwei Monate und sie konnte gut **Geld verdienen**.

"Ja, das geht. Was ist denn die Arbeit im Museum?"

"Administrative Aufgaben und Assistenz für die **Wissenschaftler**, die hier arbeiten. Nichts Kompliziertes, aber Sie sagten, dass Sie Museen und **Geschichte** interessant finden und werden hier viel lernen."

"Oh, das klingt wirklich super. Ab wann kann ich anfangen"

"Ab Montag. Kommen Sie bitte um 9:00 Uhr erst zu mir ins Büro. Haben Sie jetzt noch kurz Zeit?"

Carla schaute auf ihr Handy. "Ja, bis 18:00 Uhr."

---

die Mitarbeiterin	employee (female)
unbezahlter Urlaub	unpaid vacation
eine halbe Stelle	a part-time job (50%)
überlegen	to think
Geld verdienen	to earn money
der Wissenschaftler	scientist
die Geschichte	history, story

"Gut, dann stelle ich Ihnen kurz einige Kollegen vor."

Frau Bergmann und Carla machten einen **Rundgang** durch die Residenz. Carla war **aufgeregt**. Das war wirklich **spannend**.

Um Viertel nach sechs kam sie aus der Residenz. Susanne **wartete** schon **auf** sie."

"Lass uns etwas essen gehen", meinte Carla. "Ich hatte kein Mittagessen und **mir tun die Füße weh**. Der Tag war chaotisch, aber super."

Carla und Susanne fanden ein kleines italienisches Restaurant in der Nähe. Sie bestellten Pizza und einen Rotwein. Beim Essen erzählte Carla Susanne von ihrem chaotischen Samstag.

---

der Rundgang	tour
aufgeregt	excited
spannend	exciting
warten auf	to wait for
Mir tun die Füße weh	My feet hurt

EXERCISES

Comprehension Questions

1. Was passiert am Samstagmorgen auf der Straße vor der WG?
2. Warum ruft Carlas Chefin aus dem Café an?
3. Warum ruft Frau Bergmann von der Residenz Carla an?
4. Warum ist die Chefin im Café wütend auf Carla?
5. Welches Angebot macht Frau Bergmann?
6. Was sind Carlas Aufgaben in der Residenz?
7. Wohin gehen Carla und Susanne?

Carlas Tagebuch (Vocabulary)

Complete with one of the words below.

danach | zusammengestoßen | Stunden | angerufen | hinterlassen | Krankenhaus | los | aufregend | chaotischer | abgeholt | Unfall | Lust | wollte | Zeit | Museum

Heute war ein (1)_____ Tag. Zuerst hatte Jan einen (2)_____. Er ist mit dem Fahrrad gefahren und vor unserem Haus mit einem Auto (3)_____. Er musste ins (4)_____, aber es war nicht so dramatisch. Danach hat meine Chefin aus dem Café (5)_____ und mich gefragt, ob ich arbeiten kann. Melanie war mal wieder krank. Eigentlich hatte ich keine (6)_____, weil ich mit Susanne verabredet war. Aber ich bin dann doch ins Café gefahren. Dort war ziemlich viel (7)_____. In den ersten drei (8)_____ bin ich nur gelaufen. Um zwei hatte ich **endlich** (9)_____, auf die Toilette zu gehen und habe gesehen, dass jemand **versucht** hatte, mich anzurufen und eine Nachricht (10)_____ hatte. Es war Frau Bergmann von der Residenz. Sie (11)_____, dass ich um fünf zu ihr ins Büro komme, aber ich musste doch bis fünf arbeiten. Und (12)_____ wollte ich mich mit Susanne treffen. Ich bin dann aber nach der Arbeit schnell zur Residenz gelaufen und Susanne hat mich dort um sechs (13)_____. Frau Bergmann hatte einen Job für mich. Ab nächste Woche arbeite ich jeden Vormittag im (14)_____ und helfe den **Wissenschaftlern**. Das ist total (15)_____. Ich freue mich sehr. Es war ein chaotischer, aber auch ein toller Tag.

endlich	finally
versuchen	to try
der Wissenschaftler	scientist

Grammar Exercises (Past Tense)

Use the verbs in brackets in the past tense. All verbs are irregular and you read all of them in the text.

1. Carla _____ (bringen) dem Gast einen Kaffee.

2. Susanne _____ (halten) sich den Kopf, weil sie Migräne hatte.

3. Mary _____ (ziehen) das Fahrrad von der Straße.

4. Henrik _____ (sitzen) den ganzen Tag in der Bibliothek.

5. Carla _____ (helfen) Susanne bei der Prüfungsvorbeitung.

6. Jan _____ (kennen) den Autor nicht, wollte das Buch aber gerne lesen.

7. Jan hatte einen Unfall. Ihm _____ (tun) das Bein weh.

8. Ein Nachbar _____ (rufen) einen Krankenwagen.

9. Carla _____ (denken) oft an ihre Familie in Portugal.

10. Münchner Routine

Henrik kam nach fünf Tagen aus Norwegen zurück. Seiner Schwester und seinen Eltern ging es gut.

An der Uni **begann** die Zeit der **Abschlussprüfungen** für das Sommersemester. Alle Studenten in der WG lernten viel, zu Hause und in der Bibliothek.

Jans Bein war gebrochen. Er musste einige Tage im Krankenhaus bleiben und kam mit einem **Gips** nach Hause. Die anderen kauften für ihn ein.

Carla arbeitete viel und **traf sich** einmal in der Woche mit Susanne. Auch Susanne hatte wenig Zeit und lernte viel für ihre Prüfungen.

Carlas Arbeit in der Residenz war sehr interessant und ihre Kollegen sehr nett. Ein Museum ist nicht nur für **Besucher**, dort arbeiten viele Menschen mit interessanten Berufen: Historiker, Kuratoren, **Dokumentare, Restauratoren, Pädagogen** und auch IT-Spezialisten.

---

beginnen, sie begann	to begin, she began
die Abschlussprüfung	final exam
Jans Bein war gebrochen	Jan's leg was broken
der Gips	cast
sich treffen, sie traf sich	to meet
der Besucher	visitor
der Dokumentar	documentation officer
der Restaurator	restorer, conservator
der Pädagoge	educator

JOBSUCHE IN MÜNCHEN

Carla lernte sehr viel über die Geschichte von München und die **bayrischen Könige**, aber sie half auch bei der **Betreuung** von Kindergruppen und **saß** jeden Dienstagvormittag an der Kasse und verkaufte den Besucher **Eintrittskarten**.

Natürlich gab es viele Routinearbeiten. Carla musste oft Kopien machen, **Broschüren** aus der **Druckerei** holen oder neue Produkte für den Museumsshop auspacken und im Computersystem **eingeben**.

Einmal kam eine Filmcrew in die Residenz. Sie **drehten einen Film** für das deutsche Fernsehen. Carla blieb an einem freien Nachmittag dort und schaute zu.

Die Arbeit im Café **hingegen** war stressig, weil ihre Chefin nicht sehr nett und ihre Kollegin Melanie oft krank war. Carla **dachte**, dass Melanie keine Lust hatte. In einer Woche arbeitete Carla jeden Tag nachmittags im Café. Sie **hatte** dann oft **Hunger**, weil sie keine Zeit für Mittagessen hatte. Aber die Gäste **mochten** Carla und gaben ihr viel Trinkgeld.

---

die bayrischen Könige	the Bavarian kings
die Betreuung	care, assistance, mentoring
sitzen, sie saß	to sit, she sat
die Eintrittskarte	ticket
die Broschüre	leaflet
die Druckerei	printing press
eingeben	to enter (data)
einen Film drehen	to make a movie
hingegen	on the other hand
denken, sie dachten	to think, she though
Hunger haben	to be hungry
mögen, sie mochte	to like

Mitte Juli endete das Sommersemester. Einige Studenten hatten noch Prüfungen bis Ende des Monats. Mary und Xenia **flogen** für einige Wochen in ihre **Heimatländer** Kenia und Russland.

Henrik fand einen Job und arbeitete Vollzeit. Er und Carla sahen sich am Abend. Sie machten Spaziergänge, gingen in den Biergarten oder kochten zusammen. An Carlas freien Samstagen machten sie **Ausflüge** in die **Umgebung**.

Der Sommer in München war sehr schön. Viel Sonne und Temperaturen um die 30°C. Manchmal gab es ein **Gewitter**.

Carla skypte auch oft mit ihrer Mutter und mit ihrer Freundin Fernanda in Portugal.

---

fliegen, sie flog	to fly
das Heimatland	home country
der Ausflug	excursion
die Umgebung	surrounding
das Gewitter	thunderstorm

EXERCISES

Comprehension Questions

1. Warum lernen die Studenten in der WG viel?
2. Was ist mit Jans Bein passiert?
3. Wie oft treffen sich Carla und Susanne?
4. Was macht Carla am Dienstagvormittag in der Residenz?
5. Was macht die Filmcrew in der Residenz?
6. Warum ist die Arbeit im Café stressig?
7. Wann endet das Sommersemester?
8. Was machen Carla und Henrik an Carlas freien Samstagen?

Carlas Tagebuch (Verbs)

Complete with the correct verb

machen | ist | geschrieben | wird | gehen | gekommen | gedreht | hat | lernen | sehe | bekomme | konnte

In den letzten Wochen habe ich nicht viel (1)_____, weil nicht viel passiert ist. Ich arbeite und die anderen (2)_____ für die Uni. Die Arbeit in der Residenz (3)_____ wirklich spannend, und ich lerne viele interessante Menschen kennen. Einmal ist sogar eine Filmcrew (4)_____. Sie haben einen Film für das deutsche Fernsehen (5)_____. Zum Glück hatte ich an dem Tag nachmittags frei und (6)_____ **zuschauen**. Leider (7)_____ die Arbeit im Café immer stressiger. Melanie ist **ständig** krank und meine Chefin (8)_____ immer **schlechte Laune**. Aber die Gäste sind nett und ich (9)_____ gutes Trinkgeld. Das Wetter in München ist super. Henrik und ich (10)_____ oft Ausflüge oder (11)_____ in den Biergarten. Auch Susanne (12)_____ ich einmal pro Woche.

zuschauen — to watch, to view
ständig — always, continuously
schlechte Laune haben — to be in a bad mood

Grammar Exercises (Past Tense)

Use the verbs in brackets in the past tense. All verbs are irregular and you read all of them in the text.

1. Carla _____ (treffen) sich einmal pro Woche mit Susanne.
2. Carla _____ (mögen) ihre Chefin im Café nicht.
3. Die WG-Bewohner _____ (helfen) Jan beim Einkaufen.
4. Nach den Prüfungen _____ (denken) die Studenten nicht mehr ans Lernen.
5. Susanne _____ (kommen) nicht oft in die WG.

11. Probleme bei der Arbeit

Carla hatte einen **ruhigen Vormittag** an der Kasse in der Residenz. Um 13 Uhr **hatte sie Feierabend**. Von 15–19 Uhr musste sie heute im Café arbeiten. Normalerweise arbeitete sie dort von 13:30–17:30 Uhr. Dann war sie **früher** zu Hause, aber sie hatte keine Zeit zum Mittagessen.

Heute wollte sie mit Susanne zusammen essen gehen. Susanne war in der Bibliothek. Die beiden Frauen **trafen sich** in ihrem italienischen **Lieblingsrestaurant**.

"Wie geht es dir?" fragte Carla.

"Gut. Alle Prüfungen sind **fertig** und am Wochenende fahre ich zu meinen Eltern nach Augsburg."

"Wie lange bleibst du?"

"Eine Woche. Und wie geht es dir? Wie läuft es mit Henrik?"

"Mit Henrik ist alles super. Er hat auch alle Prüfungen gemacht und schreibt noch an seiner Bachelorarbeit. Ab dem 1. Oktober hat er einen **Studienplatz** für einen Master in Berlin."

"Ah, super. Und was willst du machen? Auch nach Berlin?"

---

ein ruhiger Vormittag	a quiet morning
Feierabend haben	to finish work
früher	earlier
sich treffen, sie trafen sich	to meet, they met
das Lieblingsrestaurant	favourite restaurant
fertig	done, finished
der Studienplatz	place at university

"Ich weiß es noch nicht genau. Aber ja, **wahrscheinlich** gehe ich auch nach Berlin. Aber vorher möchte ich für ein oder zwei Wochen nach Portugal und meine Familie besuchen."

"Und Henrik fliegt nach Norwegen?"

"Vielleicht. Er weiß es noch nicht. Er war ja im Juni dort und hat seine kleine Schwester **zurückgebracht**."

Susanne lachte. "Ja, ich **erinnere mich**. Du **dachtest**, dass seine Schwester seine Freundin oder Ex-Freundin war."

"Das stimmt. Jan, der **Trottel**, hat das gesagt." Auch Carla musste lachen.

Plötzlich schaute Carla auf die Uhr. "Upps, es ist zehn vor drei. Ich muss los. Kannst du bitte für mich bezahlen?" Carla gab Susanne Geld.

"Kein Problem. **Viel Spaß** bei der Arbeit."

Carla lief zum Café und kam um fünf nach drei an.

---

wahrscheinlich	probably
zurückbringen	to bring/take back
sich erinnern	to remember
denken, sie dachte	to think
der Trottel	idiot
plötzlich	suddenly
Viel Spaß	Have fun, Enjoy

"Frau Santos, was denken Sie sich? Sie kommen viel zu spät. Haben Sie meine Nachricht nicht gelesen?" Carlas Chefin war **wütend**.

"Welche Nachricht? Ich bin fünf Minuten zu spät und es tut mir sehr leid."

"Fünf Minuten? Ich habe Ihnen geschrieben, dass Sie um halb zwei hier sein sollen."

"Aber wir hatten vor zwei Tagen gesagt, dass ich heute erst um 15 Uhr anfange", **verteidigte sich** Carla.

"Ich brauche flexible Mitarbeiter. Das habe ich am Anfang gesagt, nicht wahr? Sie machen jetzt bitte Ihre Schicht und danach möchte ich mit Ihnen sprechen. Über das Thema Flexibilität."

"Ok."

Diese Frau war **schrecklich**. Nur Melanie arbeitete schon einige Jahre in dem Café, aber sie war immer krank.

Seit Juni hatten zwei Studentinnen angefangen und waren nach weniger als vier Wochen wieder gegangen. Auch aktuell gab es zwei neue Mitarbeiterinnen. Sie arbeiteten vormittags und an Carlas freien Tagen, **deshalb** sah Carla sie nicht.

---

wütend	angry
sich verteidigen	to defend
schrecklich	horrible
deshalb	that's why

Zum Glück waren die Gäste nett. Wie immer **bekam** Carla viel Trinkgeld.

Um 19 Uhr ging Carla ins Büro ihrer Chefin.

"Sie wollten mit mir sprechen."

"Genau. Zwei Themen. Sie arbeiten nur nachmittags. Ich weiß natürlich, dass ihr jungen Leute gerne lange schlaft, aber ich kann das nicht länger akzeptieren."

Carla **schwieg**. Sie hatte nie gesagt, dass sie einen zweiten Job in der Residenz hatte und dort jeden Vormittag arbeitete.

Ihre Chefin **fuhr fort:** "Das zweite Thema sind die Trinkgelder. Ab nächste Woche kommen alle Trinkgelder in eine Box. Am Monatsende **verteilen** wir die Trinkgelder **zu gleichen Teilen** unter allen **Angestellten**. Das funktioniert in anderen Cafés und Restaurants auch sehr gut und ist wie ein zweites Gehalt für euch."

Carla schwieg weiter. Sie war sicher, dass die anderen weniger Trinkgeld bekamen. Melanie war nie sehr freundlich und **beschwerte sich** oft, dass die Gäste so wenig Trinkgeld gaben.

---

bekommen, sie bekam	to get
schweigen, sie schwieg	to keep silent
fortfahren, sie fuhr fort	to continue (talking)
verteilen	to divide
zu gleichen Teilen	in equal shares
der Angestellte	employee
sich beschweren	to complain

Die Chefin sah sie an. "Haben Sie alles verstanden? Ihr Deutsch ist ja immer noch nicht sehr gut."

"Ja, ich habe alles verstanden."

"Gut, dann können Sie gehen. Morgen mache ich den Arbeitsplan für nächste Woche."

Carla **verließ** das Café und fuhr nach Hause. Sie klopfte an Henriks Tür. Er öffnete. "Hallo, meine schöne Portugiesin." Dann sah er ihr Gesicht. "Was ist passiert?"

"Hast du Zeit?"

"Ja, natürlich. Sollen wir in den Biergarten gehen? Oder hier im Garten etwas trinken?"

"Lass uns in den Garten gehen. In zehn Minuten?"

"Ja, **bis gleich**."

Zehn Minuten später saßen Carla und Henrik mit einem Glas Wein im Garten und Carla **erzählte** Henrik von den Problemem im Café. Plötzlich fing Henrik an zu lachen. Carla sah ihn **erstaunt** und auch ein bisschen **böse** an.

---

verlassen, sie verließ	to leave, she left
bis gleich	see you in a minute
erzählen	to tell
erstaunt	astonished, surprised
böse	angry

"Warum lachst du? Ich finde die Situation nicht **komisch**."

"Carla, meine hübsche Portugiesin, manchmal bist du einfach zu nett. Du hast den Job im Café nie gemocht. Du arbeitest dort, weil du gutes Trinkgeld bekommst. Ab nächste Woche bekommst du dieses Trinkgeld nicht mehr. Was ist also die logische Konsequenz?"

Jetzt musste Carla auch lachen. "Ja, ok, du hast Recht. Es ist Mitte August. Ich habe in den letzten zwei Monaten gut verdient, aber auch viel gearbeitet. Der Job in der Residenz reicht. Und ich kann nachmittags wieder Portugiesisch unterrichten. Für mein Deutsch war der Job im Café aber gut."

Henrik gab ihr einen Kuss. "Das stimmt. Dein Deutsch ist richtig gut jetzt." Er grinste. "Aber auch **wegen mir.**"

"Wenn mein Deutsch wegen dir besser ist, dann habe ich jetzt **wahrscheinlich** einen norwegischen Akzent", lachte Carla.

"Genau. Also, meine hübsche Portugiesin. Du **kündigst** also deinen Café-Job und wir müssen dann mal Pläne für Urlaub und Berlin machen. Was meinst du?"

"Ja, das klingt gut."

Carla war glücklich. Mit Henrik war immer alles so einfach.

---

komisch	funny
grinsen	to grin
wegen mir	because of me
wahrscheinlich	probably
kündigen	to give notice

Zwei Tage später hatte Carla wieder **Schicht** im Café. Sie schaute auf den Plan für die nächste Woche. Am Montag, Donnerstag und Samstag sollte sie vormittags arbeiten. **Außerdem stand** in der Küche ein Glas mit der Aufschrift "Trinkgeld". Carla sagte nichts. Sie arbeitete ihre vier Stunden.

Als sie ihre Tasche **holte**, kam die Chefin zu ihr.

"Sie haben das Glas für das Trinkgeld gesehen?"

"Ja", antwortete Carla.

"Dann **legen** Sie bitte ihr **heutiges Trinkgeld** in das Glas."

"Es tut mir leid, aber ich habe heute allen Gästen gesagt, dass ich kein Trinkgeld akzeptiere."

"Wie bitte? Sind Sie verrückt geworden?" Die Chefin schaute Carla **wütend** an.

"Nein, es ist alles okay. Ich habe auch den Plan für nächste Woche gesehen, aber **leider** kann ich vormittags nicht hier arbeiten. Ich schlafe nämlich vormittags nicht lange, sondern habe einen anderen

---

die Schicht	shift
außerdem	apart from that
stehen, es stand	to stand, it stood
holen	to fetch
legen	to put
das heutige Trinkgeld	today's tips
wütend	angry
leider	unfortunately

Job. Dort arbeite ich von 9:00–13:00 Uhr und ich bekomme **fast doppelt soviel Geld** wie hier. Wenn Sie mir meinen Stundenlohn **verdoppeln**, dann bin ich hier voll flexibel. Was denken Sie?"

Die Chefin **starrte** Carla kurz **an,** dann **schrie** sie: "Sie sind wirklich **verrückt geworden. Verschwinden Sie** und kommen Sie nicht wieder."

Carla **nahm** ihre Tasche und ging. **Draußen** wartete Henrik auf sie.

"Und? **Hat alles geklappt?**"

"Ja, genau, wie du gesagt hast."

"Und haben wir genug Geld für ein Abendessen?"

Carla grinste und holte die **Münzen** aus ihrer **Tasche**. Sie **zählte**.

---

fast doppelt soviel Geld	almost twice as much money
verdoppeln	to double
anstarren	to stare at
schreien, sie schrie	to scream, to yell
verrückt werden	to become crazy
Verschwinden Sie	Leave / Get lost
nehmen, sie nahm	to take
draußen	outside
Hat alles geklappt?	Did everything go well?
die Münze	coin
die Tasche	pocket, bag
zählen	to count

"€34,60. Das reicht für ein kleines Abendessen."

"Super. Dann benutzen wir jetzt dein Trinkgeld, um **etwas Leckeres** zu essen."

"Genau. Herrje, die Chefin hat so **dumm geguckt**, als ich gesagt habe, dass ich heute kein Trinkgeld von den Gästen **angenommen** habe."

Hand in Hand gingen die beiden durch die Straßen und fanden schnell ein **günstiges** türkisches Restaurant mit leckerem Essen.

---

etwas Leckeres	something delicious
dumm gucken	look stupid
Trinkgeld annehmen	to accept tips
günstig	low-priced

EXERCISES

Comprehension Questions

1. Wo treffen sich Carla und Susanne?
2. Wie lange bleibt Susanne bei ihren Eltern?
3. Was möchte Carla im Oktober machen?
4. Warum ist die Chefin im Café wütend, als Carla zur Arbeit kommt?
5. Was will die Chefin im Café ändern?
6. Wie reagiert Henrik, als Carla von den Problemen im Café erzählt?
7. Welchen **Rat** gibt Henrik Carla?
8. Was macht Carla am nächsten Tag im Café mit dem Trinkgeld?

der Rat   advice

Carlas Tagebuch (Vocabulary)

Complete with one of the words below.

Gespräch | total | Nachricht | Vor | nur | Gehalt | Trinkgeld | wollte | musste | vormittags | Arbeit | wütend | zusammen | geworden

Ich bin frei. Kein Job im Café mehr. Was ist passiert? (1)_____ zwei Tagen war ich mit Susanne essen und bin danach zur (2)_____ gegangen. Die Chefin hatte mir eine (3)_____ geschickt, dass ich früher kommen sollte. Diese Nachricht habe ich nicht gesehen, deshalb war die Chefin mal wieder (4)_____. Sie (5)_____ nach der Schicht mit mir sprechen. Das (6)_____ war eine Katastrophe. Ich sollte plötzlich auch (7)_____ arbeiten und mein Trinkgeld abgeben. Ich habe nichts gesagt, aber ich war (8)_____ frustriert. Henrik hat gelacht und wir haben (9)_____ einen Plan gemacht. Heute (10)_____ich wieder arbeiten und nach der Schicht habe ich der Chefin gesagt, dass ich kein Trinkgeld akzeptiert hätte. Und ich habe ihr vorgeschlagen, mein (11)_____ zu verdoppeln, wenn ich flexibel sein soll. Natürlich ist sie wütend (12)_____ und hat mir gekündigt. Das (13)_____ hatte ich in meine Tasche gesteckt und Henrik und ich haben es genutzt, um essen zu gehen. Jetzt habe ich (14)_____ noch meinen Job in der Residenz und das ist gut so.

Grammar Exercises (Past Tense)

Use the verbs in brackets in the past tense. All verbs are irregular and you read all of them in the text.

1. Carla _____ (bekommen) immer gutes Trinkgeld von den Gästen im Café.

2. Xenia _____ (laufen) jeden Tag 5 km durch den Park.

3. Xenia _____ (sehen) viele Menschen, die mit ihrem Hund spazieren _____ (gehen).

4. Henrik _____ mit der Präsentation _____ (fortfahren), als alle _____ (schweigen).

5. Susanne _____ (verlassen) die Vorlesung eine halbe Stunde früher.

6. Jan und Isabel _____ (sitzen) in der Küche.

7. Am Donnerstag _____ Susanne schon um 8 Uhr ___ (anfangen) zu lernen.

8. Henrik _____ (stehen) im Garten und _____ (trinken) ein Bier.

9. Die Chefin _____ Carla ____ (anschreien), weil sie zu spät _____ (kommen).

10. Isabel _____ (nehmen) zwei Eier und machte ein Omelett.

11. Carla _____ (treffen) sich mit ihrer Mutter auf Skype.

12. Carla _____ (geben) Henrik das Trinkgeld und sie _____ (gehen) einen Döner essen.

12. Urlaubspläne

Carla, Henrik, Susanne und ihr Freund Alexander saßen im Biergarten.

"Alex hat definitiv vom 15.–30. September Urlaub", meinte Susanne.

"Super. Carla und ich wollen schon **Anfang September** aus München weg. Marla kommt einen Monat früher aus Tansania zurück, also muss Carla aus der WG ausziehen", sagte Henrik.

"Oh, und du suchst dann auch früher einen **Nachmieter**?" fragte Susanne.

"Ja, genau. Wir haben heute eine Anzeige auf wg-gesucht.de geschrieben. Das sollte kein Problem sein."

"Hast du schon ein Zimmer oder eine Wohnung in Berlin, Henrik?" wollte Alexander wissen.

"Ein norwegischer Freund von mir studiert in Berlin. Ich kann zwei Wochen auf seinem Sofa schlafen. Carla ist dann in Portugal und ich suche eine Wohnung für uns."

"Oh, ihr wollt wirklich **zusammenziehen**?" fragte Susanne.

Anfang September	at the beginning of September
der Nachmieter	next tenant
zusammenziehen	to move together

"Ja. Wir wohnen ja jetzt auch fast zusammen und es gibt keine Probleme. Aber lasst uns wieder über den September sprechen. Carla und ich wollen zwei bis drei Wochen workaway machen, an der **Ostsee** oder an der **Nordsee**. Da haben wir keine **hohen Kosten** und ein tolles **Erlebnis**."

"Was ist workaway?" fragte Alexander.

"Du arbeitest etwa vier bis sechs Stunden am Tag und bekommst dafür Essen und ein Zimmer. Wir möchten gerne auf einem **Bauernhof** oder in einem **Umweltschutzprojekt** arbeiten."

"**Möglichst** auf einer **Insel**", **fügte** Carla **hinzu**.

"Das klingt super", meinte Alexander. "Ich habe Susanne **eingeladen**, eine Woche mit mir nach Südspanien zu fliegen. Meine Eltern haben eine **Ferienwohnung** in Marbella und wir können sie benutzen."

"Das heißt, wir können in der letzten Septemberwoche zusammen Urlaub machen", meinte Carla.

---

die Ostsee	Baltic Sea
die Nordsee	North Sea
hohe Kosten	high costs
das Erlebnis	experience
der Bauernhof	farm
das Umweltschutzprojekt	environment protection project
möglichst	if possible
die Insel	island
hinzufügen, sie fügte hinzu	to add
einladen	to invite
die Ferienwohnung	vacation home

"Wollt ihr in Deutschland bleiben?" fragte Susanne.

"Ja, wir möchten gerne an der Küste bleiben."

"Super, ich war noch nie in Norddeutschland."

"Bestimmt ist es kälter als in Südspanien", lachte Carla.

"Ganz bestimmt, aber das ist okay."

"Sollen wir jetzt schon ein Airbnb buchen?" fragte Susanne.

"Ja, lass uns doch jetzt schauen. Ich habe meinen Laptop im Rucksack", grinste Henrik.

Er holte seinen Laptop aus dem Rucksack, öffnete ihn, loggte sich ein und öffnete die Airbnb-Seite.

"Was können wir maximal bezahlen?" fragte er. "Wir sind zwei arme Studenten, eine **fleißig** arbeitende Portugiesin und ein **gut verdienender** Arzt."

Alexander lachte.

"€100 -160 pro Nacht", meinte Susanne. "Also maximal €40 Euro pro Person, €280 für eine Woche." Sie schaute die anderen an. "Ist das okay?"

---

fleißig   diligent, hard-working
gut verdienend   well earning

Alle **nickten**.

"Gut, dann schauen wir mal", meinte Henrik.

"Ich will auf eine **Insel**", sagte Carla.

Die anderen lachten. "Sind alle Portugiesen **verrückt nach** Inseln?" fragte Alexander.

"**Keine Ahnung**. Vielleicht nur ich", grinste Carla.

"Schaut mal hier". Henrik **zeigte auf** eine Anzeige.

"Insel Fehmarn. **Ferienwohnung** mit zwei Schlafzimmern und einem großen Wohnzimmer mit **Blick aufs Meer**. €842 für eine Woche."

"Wow, das sieht toll aus", meinte Carla. "Wo liegt Fehmarn?"

"In der Ostsee, aber es gibt eine Straße zum **Festland**. Und eine **Fähre** nach Dänemark", **erklärte** Henrik. Er schaut die anderen an. "Was meint ihr?"

---

nicken	to nod
die Insel	island
verrückt nach	crazy for
keine Ahnung	no idea
zeigen auf	to point to
die Ferienwohnung	vacation home
Blick aufs Meer	ocean view
das Festland	onshore
die Fähre	ferry
erklären	to explain

"Mir gefällt es auch", sagte Susanne.

"Lass es uns buchen", meinte Alexander. "Vom 23.–30. September."

Henrik buchte das Airbnb.

"Super. Dann sehen wir uns zu viert am 23. September auf Fehmarn. In fünf Wochen", sagte Susanne.

Die vier Freunde **verbrachten** noch eine Stunde im Biergarten und fuhren dann nach Hause. Susanne und Alexander freuen sich auf den Urlaub und für Carla und Henrik würde ab September ein neues **Abenteuer** beginnen.

---

verbringen, er verbrachte	to spend (time)
das Abenteuer	adventure

EXERCISES

Comprehension Questions

1. Warum muss Carla aus der WG ausziehen?
2. Wo will Henrik in Berlin in den ersten zwei Wochen wohnen?
3. Was wollen Carla und Henrik für zwei bis drei Wochen im September machen?
4. Wo wollen Susanne und Alexander Urlaub machen?
5. Was wollen Carla, Henrik, Susanne und Alexander in der letzten Septemberwoche machen?
6. Wo finden sie ein gutes Airbnb?

Carlas Tagebuch (Verbs)

Complete with one of the verbs below.

freue | gefunden | machen | passiert | gebucht | kommt | gemacht | werden

Meine Zeit in München ist **fast vorbei** und es ist soviel (1)_____ in diesen drei Monaten. Ich habe bei der Jobsuche gute und schlechte Erfahrungen (2)_____, neue Freunde (3)_____ und habe jetzt einen Freund. Genauso wie

Susanne. Und wir (4)_____ alle zusammen in den Urlaub fahren. Wir haben für die letzte Septemberwoche ein tolles Airbnb auf der Insel Fehmarn (5)_____. Vorher (6)_____ Henrik und ich zwei bis drei Wochen workaway, auch an **der Küste**. Und danach (7)_____ der Umzug nach Berlin. Ich (8)_____ mich. Das Leben ist **aufregend**.

fast vorbei	almost over
die Küste	coast
aufregend	exciting

Lösungen

Please note that the answers to the comprehension questions are often suggestions. Your answer may be slightly different as far as the use of vocabulary and grammar is concerned but nevertheless correct. If you want to be totally sure, please ask a tutor or language partner to check your answers. Don't worry if that's not possible. Even if your answers have some mistakes, you'll benefit from answering the comprehension questions as you'll be more aware of that you are reading.

1. WG-Zimmer gesucht

Comprehension Questions
1. Nach dem Frühstück skypt Carla mit ihrer Mutter.
2. Carla sitzt bis mittags vor dem Computer und sucht WG-Zimmer.
3. Am Nachmittag arbeitet Carla als Portugiesisch-Tutorin. / Am Nachmittag unterricht Carla Portugiesisch.
4. Carlas Spaziergang dauert anderthalb Stunden.
5. Ein WG-Casting ist ein Treffen von WG-Bewohnern und Kandidaten für ein WG-Zimmer.
6. Carla hat am nächsten Tag drei WG-Castings.
7. Susanne ist skeptisch, weil es keine Zeitangabe für das WG-Casting gibt.

Carlas Tagebuch (Vocabulary)
(1) Sightseeing, (2) Stadt, (3) Mutter, (4) Internet, (5) Nachricht, (6) Wohnungen, (7) WG-Zimmer, (8) Job, (9) Nachmittag, (10) Einladungen, (11) Fragen

Grammar (Past Tense)
1. Susanne **saß** im Park und las ein Buch.
2. Eine junge Frau **kam** zu Susanne und stellte ihr eine Frage.
3. Carlas neue Schülerin **verstand** schon sehr viel Portugiesisch.
4. Carla und die Schülerin **sprachen** eine Stunde miteinander.
5. Suanne **verließ** die Wohnung um 8 Uhr morgens
6. Carlas Mutter **dachte**, dass Carla nicht lange in Deutschland bleiben würde.

7. Susanne **nahm** das Buch mit zur Uni.

2. WG-Casting

Comprehension Questions
1. In der ersten WG wohnen vier Personen.
2. Sie mögen Deutschland nicht / Sie mögen kein Deutsch.
3. Sergej ist Schriftsteller.
4. Das erste Zimmer gefällt Carla sehr gut.
5. Die zweite WG liegt in der Nähe des Olypmpia-Parks
6. In der zweiten WG wohnen zwei junge Männer.
7. Das zweite Zimmer ist so billig, weil die Mitbewohnerin immer das Bad und die Küche putzen soll.
8. Nach der zweiten Besichtigung macht Carla einen Spaziergang und isst etwas.
9. Carla kauft eine Flasche Wein.
10. Es ist kein Casting. Es ist eine Party. Niemand spricht mit Carla und sie fährt wieder nach Hause.

Carlas Tagebuch (Vocabulary)
(1) Wohnungen, (2) Zimmer, (3) Deutsch, (4) Katastrophe, (5) Männer, (6) Putzfrau, (7) Küche, (8) Besichtigung, (9) Mittag, (10) Party, (11) Minuten

Grammar (Past Tense)
1. Susanne **stand** um sieben Uhr **auf**, frühstückte und **fuhr** ins Büro.
2. Carla und ihre Mutter **lagen** den ganzen Tag am Strand.
3. Susannes Freundin **brachte** die Kinder in den Kindergarten und **ging** in ein Café.
4. Susanne und Carla **verließen** das Haus um acht und **kamen** drei Stunden später zurück.
5. Carla **roch** das Parfüm.
6. Susanne **stand** eine halbe Stunde an der Bushaltestelle, aber es **kam** kein Bus.
7. Ich **wusste**, dass du zu spät kommen würdest.
8. Der Mann **lief** in den Park und **verschwand** aus meiner Sicht.
9. Meine Mutter **saß** im Auto und wartete.

3. Frauenabend

Comprehension Questions
1. Susanne ist so früh zu Hause, weil eine Vorlesung ausgefallen ist.
2. Susanne lernt bis 19 Uhr für die Uni.
3. Carla hat vier neue Nachrichten bekommen.
4. Ja, Carla verschickt zwölf neue Nachrichten.
5. Carla und Susanne gehen in eine Kneipe.
6. Susanne denkt, dass Carla das Zimmer nehmen soll. Sie kann dann zu Hause Englisch und bei der Arbeit Deutsch üben.
7. Ja, Susanne hat einmal in einer WG gewohnt, aber es hat ihr nicht gefallen. Es war oft laut und es gab Stress.
8. Susannes Wohnung ist so billig, weil sie ihrer Tante gehört.
9. Morgen macht Carla ein WG-Casting.
10. Susanne hat einen jungen Arzt kennengelernt. Sie hat ein Date.

Carlas Tagebuch (Present Perfect)
(1) gekommen bin, (2) sind .... gegangen, (3) haben .... getrunken, (4) habe .... erzählt, (5) hat gelacht, (6) gesagt, (7) hat .... kennengelernt, (8) sind geblieben, (9) haben ... geschlafen

Grammar (Past Tense)
1. Susanne **wurde** rot, als sie von ihrem Date erzählte.
2. Carla **schrieb** viele Nachrichten.
3. Die zwei Frauen **gingen** in eine Kneipe.
4. Carla und Susanne **lasen** die neuen Nachrichten zusammen.
5. Carla **blieb** nicht lange in der Party-WG.
6. Carla **fand** viele interessante Anzeigen auf wg-gesucht.de
7. Carla und Susanne **schliefen** erst um Mitternacht.

4. Eine WG für Carla

Comprehension Questions
1. Die Miete in der WG ist temporär, weil eine Mitbewohnerin temporär in Tansania ist.
2. Die Mitbewohner kommen aus Deutschland, Norwegen, Kenia und Russland.
3. Nach dem WG-Casting gehen Carla und Henrik in den Garten.
4. Carla ist Spaghetti mit Tomatensauce.
5. Isabel schreibt, dass Carla das Zimmer bekommt und dass Henrik keinen anderen Kandidaten akzeptiert hat.

Carlas Tagebuch (Prepositions)
(1) am, (2) in, (3) aus, (4) bis, (5) für, (6) bis, (7) in, (8) In, (9) in, (10) An, (11) aus, (12) In, (13) aus, (14) an, (15) auf

Grammar (Past Tense)

1. Jan **saß** auf dem Sofa und **las** ein Buch.
2. Isabel **trat** auf den Balkon und schaute in den Garten.
3. An den Wänden **hingen** Bilder aus Afrika.
4. Carla und Henrik **standen** im Garten.
5. Isabel **unterbrach** Henrik.
6. Die anderen WG-Bewohner **kamen** ins Wohnzimmer.
7. Carla **ging** nach den Portugiesischstunden spazieren.
8. Er **schlug** seine Kinder nie.
9. Carla **fand** ein interessantes Buch im Buchladen.
10. Henrik **brachte** Carla zur Haustür.

5. Ausflug nach Neuschwanstein

Comprehension Questions
1. Susanne hat den Ausflug organisiert.
2. Sie fahren mit dem Zug und es dauert drei Stunden.
3. Sie müssen in Kaufbeuren umsteigen.
4. Der zweite Zug war sehr voll. Es gab viele Touristen.
5. Nein, Susanne war schon einmal mit ihren Eltern und einmal mit einem Ex-Freund in Neuschwanstein.
6. König Ludwig II lebte nur wenige Monate in Neuschwanstein.
7. Sie machen einen Stadtrundgang und essen etwas.
8. Nein, sie müssen nicht umsteigen. Der Zug fährt direkt von Füssen nach München.
9. Sie schauen Netflix und trinken ein Glas Wein.

Carlas Tagebuch (Vocabulary)
(1) Überraschung, (2) Eintrittskarten, (3) Zug, (4) Bus, (5) Fahrt, (6) Berg, (7) König, (8) Monate, (9) See, (10) Mensch, (11) Spaziergang, (12) Restaurant, (13) Hause, (14) Wein

Grammar (Past Tense)
1. Carla und Susanne **saßen** im Zug.
2. Sie **stiegen** in Füssen **aus**.
3. Die Führung im Schloss Neuschwanstein **begann** um 14 Uhr.
4. König Ludwig II **ertrank** 1886 im Starnberger See.
5. Wahrscheinlich **beging** er Suizid.
6. Nach der Führung **schlug** Susanne **vor**, einen Spaziergang durch Füssen zu machen.
7. Susanne und Carla **fanden** ein kleines Restaurant im Zentrum.
8. Um 18 Uhr **fuhr** ihr Zug in Füssen **ab.**
9. Nach dem langen Tag **schliefen** Carla und Susanne tief und fest.

6. Umzug in die WG

Comprehension Questions
1. Henrik holt Carla an der U-Bahn-Haltestelle ab.
2. Sie kann das Fahrrad von Marla benutzen.
3. Sie schläft ein bisschen.
4. Nach dem Aufwachen duscht Carla.
5. Sie gehen in ein Restaurant mit Biergarten.
6. Henrik lebt seit vier Jahren in München.
7. Er möchte seinen Master in Berlin machen.
8. Trömso ist im Sommer sehr schön. Es gibt Mitternachtssonne und es ist 24 Stunden am Tag hell. Im Winter ist Polarnacht und es ist 24 Stunden am Tag dunkel.
9. Carla möchte Umweltwissenschaften oder Wirtschaft studieren.

Carlas Tagebuch (Prepositions)
(1) in, (2) an. (3) zum, (4) am, (5) mit, (6) in, (7) von, (8) In, (9) im, (10) im, (11) in, (12) an, (13) nach, (14) in

Grammar Exercises (Past Tense)
1. Carla **schrieb** viele Emails.
2. Susanne **fuhr** mit der S-Bahn und **stieg** am Hauptbahnhof **aus**.
3. Carla **fand** Henrik sofort sympathisch.
4. Henrik **trug** Carlas Koffer von der U-Bahn-Haltestelle bis zur WG.
5. Carla und Henrik **liefen** zu Fuß nach Hause.
6. Carla **stand** um sechs Uhr **auf** und **zog** sich **um**.
7. Carla und Henrik **blieben** lange im Biergarten.
8. Henrik **gab** Carla einen Kuss.
9. Carla **schlief** glücklich **ein**.

7. Jobsuche

Comprehension Questions
1. Sie möcht einen Job suchen.
2. Sie möchte ihren Lebenslauf ausdrucken.
3. Die Bezahlung/Der Stundenlohn ist nicht gut.
4. Carlas muss morgen zum ersten Mal im Café arbeiten. / Carlas erster Arbeitstag ist morgen.
5. Sie möchte zwölf Stunden bei Zara arbeiten.
6. Die Residenz ist ein Museum.
7. Nein, für den Garten muss man keinen Eintritt bezahlen.
8. Der Museumsshop sucht eine Aushilfe für jedes zweite Wochenende.

Carlas Tagebuch (Vocabulary)
(1) Zentrum, (2) Lebenslauf, (3) Aushilfe, (4) Studentin, (5) Chefin, (6) Bezahlung, (7) Gefühl, (8) Modegeschäft, (9) Residenz, (10) Spaziergang, (11) Personalabteilung, (12) Bescheid, (13) Wochenende

Grammar Exercises (Past Tense)
1. Carla **fand** schnell einen Job in München.
2. Im Zentrum **hingen** viele Aushänge an den Schaufenstern.
3. Carla **fuhr** nach der Jobsuchen nach Hause und sprach mit Henrik.,
4. Die Menschen **gingen** durch die Straßen und **sahen** sich die Angebote in den Schaufenstern **an**.
5. Carla **betrat** das Modegeschäft und **sprach** eine Verkäuferin **an**.
6. Henrik **verließ** die Bibliothek um 14 Uhr.
7. Susanne **kam** immer spät nach Hause, weil sie viel lernen musste.
8. Im Garten der Residenz **standen** viele Bäume.
9. Im Museumsshop **gab** es viele interessante Dinge.
10. Carla **lief** gerne durch die Straßen von München.

8. Besuch aus Norwegen

Comprehension Questions
1. Carla arbeitet vier Stunden im Café.
2. Henrik beantwortet Carlas WhatsApp-Nachricht nicht.
3. Jan sagt, dass Henrik Besuch von seiner norwegischen Freundin hat.
4. Carla hat morgen um 11 Uhr ein Vorstellungsgespräch bei Zara.
5. Nein, Carla hat am nächsten Morgen keine WhatsApp-Nachricht von Henrik. Er war seit gestern Nachmittag nicht online.
6. Zara meldet sich nächste Woche bei Carla.
7. Die junge Norwegerin ist Carlas Schwester.
8. Henrik bleibt vier Tage in Schweden.

Carlas Tagebuch (Present Perfect)
(1) habe ... gesehen, (2) hat ... umarmt, (3) hat ... reagiert, (4) hat ... geschrieben, (5) hat ... angerufen, (6) hat ... gefragt, (7) bin ... gelaufen, (8) hat ... gesessen, (9) hat ... gesagt, (10) ist ... gefahren

Grammar Exercises (Past Tense)
1. Susanne **blieb** gestern zu Hause und **trank** Wein.
2. Henrik **betrat** das Wohnzimmer und **gab** Jan ein Buch.
3. Carla **fuhr** nach Hause und **zog sich um**.
4. Isabel **stand auf** und **verließ** das Zimmer.
5. Henrik **dachte**, dass seine Schwester verrückt war.
6. Carla **wusste** nichts über Henriks Schwester.
7. Jan **sah** von seinem Buch **auf** und **unterbrach** das Gespräch von Henrik und seiner Schwester.
8. Susanne und Carla **sahen** den Kuchen und **nahmen** sich ein Stück.
9. Carla **schrieb** Henrik eine WhatsApp-Nachricht.
10. Isabel **saß** im Garten und **las** einen Artikel über Genetik.

9. Ein chaotischer Samstag

Comprehension Questions
1. Jan hat einen Unfall und muss ins Krankenhaus.
2. Die Chefin ruft an, weil Carla arbeiten soll.
3. Frau Bergmann ruft an, weil Carla um 17 Uhr kommen soll.
4. Die Chefin ist wütend, weil Carla so lange auf der Toilette war.
5. Frau Bergmann bietet Carla einen Halbtagsjob in der Residenz an.
6. Die Aufgaben sind administrativ und Assistenz für die Wissenschaftler.
7. Carla und Susanne gehen in ein italienisches Restaurant.

Carlas Tagebuch (Vocabulary)
(1) chaotischer, (2) Unfall, (3) zusammengestoßen, (4) Krankenhaus, (5) angerufen, (6) Lust, (7) los, (8) Stunden, (9) Zeit, (10) hinterlassen, (11) wollte, (12) danach, (13) abgeholt, (14) Museum, (15) aufregend

Grammar Exercises (Past Tense)
1. Carla **brachte** dem Gast einen Kaffee.
2. Susanne **hielt** sich den Kopf, weil sie Migräne hatte.
3. Mary **zog** das Fahrrad von der Straße.
4. Henrik **saß** den ganzen Tag in der Bibliothek.
5. Carla **half** Susanne bei der Prüfungsvorbereitung.
6. Jan **kannte** den Autor nicht, wollte das Buch aber gerne lesen.
7. Jan hatte einen Unfall. Ihm **tat** das Bein **weh**.
8. Ein Nachbar **rief** einen Krankenwagen.
9. Carla **dachte** oft an ihre Familie in Portugal.

10. Münchner Routine

Comprehension Questions
1. Sie lernen viel, weil das Semester endet und sie Abschlussprüfungen haben.
2. Jans Bein ist gebrochen.
3. Carla und Susanne treffen sich einmal pro Woche.
4. Am Dienstagvormittag sitzt Carla an der Kasse und verkauft Eintrittskarten.
5. Die Filmcrew dreht einen Film in der Residenz.
6. Die Arbeit im Café ist stressig, weil Carlas Chefin nicht nett und ihre Kollegin Melanie oft krank ist.
7. Das Sommersemester endet Mitte Juli.
8. An Carlas freien Samstagen machen Carla und Henrik Ausflüge in die Umgebung.

Carlas Tagebuch (Vocabulary)
(1) geschrieben, (2) lernen, (3) ist, (4) gekommen, (5) gedreht, (6) konnte, (7) wird, (8) hat, (9) bekomme, (10) machen, (11) gehen, (12) sehe

Grammar Exercises (Past Tense)
1. Carla **traf sich** einmal pro Woche mit Susanne.
2. Carla **mochte** ihre Chefin im Café nicht.
3. Die WG-Bewohner **halfen** Jan beim Einkaufen.
4. Nach den Prüfungen **dachten** die Studenten nicht mehr als Lernen.
5. Susanne **kam** nicht oft in die WG.

11. Probleme bei der Arbeit

Comprehension Questions
1. Carla und Susanne treffen sich in ihrem italienischen Lieblingscafé.
2. Susanne bleibt eine Woche bei ihren Eltern.
3. Carla möchte im Oktober ihre Eltern in Portugal besuchen und dann wahrscheinlich nach Berlin ziehen.
4. Die Chefin ist wütend, weil Carla ihre Nachricht nicht gelesen hat und zu spät zur Arbeit gekommen ist.
5. Die Chefin will, dass Carla auch vormittags arbeitet und das Trinkgeld soll in eine Box.
6. Henrik lacht.
7. Carla soll im Café kündigen.
8. Carla steckt das Trinkgeld in ihre Tasche und nicht in das Glas.

Carlas Tagebuch (Vocabulary)
(1) Vor, (2) Arbeit, (3) Nachricht, (4) wütend, (5) wollte, (6) Gespräch, (7) vormittags, (8) total, (9) zusammen, (10) musste, (11) Gehalt, (12) geworden, (13) Trinkgeld, (14) nur

Grammar Exercises (Past Tense)
1. Carla **bekam** immer gutes Trinkgeld von den Gästen im Café.
2. Xenia **lief** jeden Tag 5 km durch den Park.
3. Sie **sah** viele Menschen, die mit ihrem Hund spazieren **gingen**.
4. Henrik **fuhr** mit der Präsentation **fort**, als alle **schwiegen**.
5. Susanne **verließ** die Vorlesung eine halbe Stunde früher.
6. Jan und Isabel **saßen** in der Küche.
7. Am Donnerstag **fing** Susanne schon um 8 Uhr **an** zu lernen.
8. Henrik **stand** im Garten und **trank** ein Bier.
9. Die Chefin **schrie** Carla **an**, weil sie zu spät **kam**.
10. Isabel **nahm** zwei Eier und machte ein Omelett.
11. Carla **traf sich** mit ihrer Mutter auf Skype.
12. Carla **gab** Henrik das Trinkgeld und sie **gingen** einen Döner essen.

12. Urlaubspläne

Comprehension Questions
1. Carla muss aus der WG ausziehen, weil Marla früher aus Tansania zurückkommt.
2. Henrik will in den ersten zwei Wochen bei einem norwegischen Freund wohnen.
3. Sie wollen für zwei bis drei Wochen workaway machen.
4. Sie wollen in Marbella, Südspanien Urlaub machen,
5. Sie wollen zusammen Urlaub an der deutschen Nord- oder Ostseeküste machen,
6. Sie finden ein gutes Airbnb auf der Insel Fehmarn.

Carlas Tagebuch (Verbs)
(1) passiert, (2) gemacht, (3) gefunden, (4) werden, (5) gebucht, (6) machen, (7) kommt, (8) freue

Thank you for reading

I hope that you enjoyed reading about Carla's adventures in Munich and that this book helped you boost your German reading skills.

"Jobsuche in München" is part of a series of four books. Every book has a coherent story and can therefore be read independently of the others. However, the books are connected and the level of difficulty increases. If you enjoyed this story targeting A2 students of German, you'll surely love to read more about Carla's experiences in Germany.

Graded Readers for German learners: "Carla - Eine Portugiesin in Deutschland"

A1: Carla will nach Deutschland
A2: Jobsuche in München
B1: Ein unvergesslicher Urlaub (to be published in July 2021)
B2: Pannen und Missgeschicke (to be published in September 2021)

    Would you like to be notified as soon as new books are available and benefit from low introductory prices? Sign up for our newsletter and you'll even receive a free short story at the beginning of each month:

https://learngermanwithstories.com/newsletter

Can you spare a minute?

A lot of dedicated but also hard work went into writing this book and if you'd like to support it, I'd really appreciate an honest review. That helps other people to find this book and gives them an idea what to expect.

Here's how you can do it on Amazon if you purchased the paperback or kindle version:

1. Click "Your Account" in the menu bar of your Amazon store.

2. Click "Your Orders" and select this book either from "Orders" or "Digital Orders"

3. Leave an honest review

Thank you very much for your support,
   Daniela Fries

More books by the author

Available as paperback or kindle version at all Amazon stores.

Carla will nach Deutschland - A1

Meet Carla, a young woman from Portugal who studies German and plans to look for a summer job in Munich.

Includes vocabulary German-English, grammar explanations, comprenhension questions and exercises.

Ein Sommer in Heidelberg – B1

The lives of a young German marketing specialist, an Italian graduate student, and a Spanish programmer take unexpected turns after they accidentally meet in the beautiful city of Heidelberg.

Includes vocabulary German-English, comprehension questions and exercises.

Printed in Great Britain
by Amazon